PREFACIO

La colección de guías de conversación para viajar "Todo irá bien" publicada por T&P Books está diseñada para personas que viajan al extranjero para turismo y negocios. Las guías contienen lo más importante - los elementos esenciales para una comunicación básica.Éste es un conjunto de frases imprescindibles para "sobrevivir" mientras está en el extranjero.

Esta guía de conversación le ayudará en la mayoría de los casos donde usted necesite pedir algo, conseguir direcciones, saber cuánto cuesta algo, etc. Puede también resolver situaciones difíciles de la comunicación donde los gestos no pueden ayudar.

Este libro contiene una gran cantidad de frases que han sido agrupadas según los temas más relevantes. Esta edición también incluye un pequeño vocabulario que contiene alrededor de 3.000 de las palabras más frecuentemente usadas.Otra sección de la guía proporciona un glosario gastronómico que le puede ayudar a pedir los alimentos en un restaurante o a comprar comestibles en la tienda.

Llévese la guía de conversación "Todo irá bien" en el camino y tendrá una insustituible compañera de viaje que le ayudará a salir de cualquier situación y le enseñará a no temer hablar con extranjeros.

TABLA DE CONTENIDOS

T&P Books Publishing

PRONUNCIACIÓN

T&P alfabeto fonético	Ejemplo griego	Ejemplo español
[a]	**αγαπάω** [aɣapáo]	radio
[e]	**έπαινος** [épenos]	verano
[i]	**φυσικός** [fisikós]	ilegal
[o]	**οθόνη** [oθóni]	bordado
[u]	**βουτάω** [vutáo]	mundo
[b]	**καμπάνα** [kabána]	en barco
[d]	**ντετέκτιβ** [detéktiv]	desierto
[f]	**ράμφος** [rámfos]	golf
[g]	**γκολφ** [golʲf]	jugada
[ɣ]	**γραβάτα** [ɣraváta]	amigo, magnífico
[j]	**μπάιτ** [bájt]	asiento
[j̥]	**Αίγυπτος** [éj̥iptos]	asiento
[k]	**ακόντιο** [akóndio]	charco
[lʲ]	**αλάτι** [alʲáti]	lágrima
[m]	**μάγος** [máɣos]	nombre
[n]	**ασανσέρ** [asansér]	número
[p]	**βλέπω** [vlépo]	precio
[r]	**ρόμβος** [rómvos]	era, alfombra
[s]	**σαλάτα** [salʲáta]	salva
[ð]	**πόδι** [póði]	alud
[θ]	**λάθος** [lʲáθos]	pinzas
[t]	**κινητό** [kinitó]	torre
[ʧ]	**check-in** [ʧek-in]	mapache
[v]	**βραχιόλι** [vraxióli]	travieso
[x]	**νύχτα** [níxta]	reloj
[w]	**ουίσκι** [wíski]	acuerdo
[z]	**κουζίνα** [kuzína]	desde
[']	**έξι** [éksi]	acento primario

LISTA DE ABREVIATURAS

Abreviatura en español

adj	-	adjetivo
adv	-	adverbio
anim.	-	animado
conj	-	conjunción
etc.	-	etcétera
f	-	sustantivo femenino
f pl	-	femenino plural
fam.	-	uso familiar
fem.	-	femenino
form.	-	uso formal
inanim.	-	inanimado
innum.	-	innumerable
m	-	sustantivo masculino
m pl	-	masculino plural
m, f	-	masculino, femenino
masc.	-	masculino
mat	-	matemáticas
mil.	-	militar
num.	-	numerable
p.ej.	-	por ejemplo
pl	-	plural
pron	-	pronombre
sg	-	singular
v aux	-	verbo auxiliar
vi	-	verbo intransitivo
vi, vt	-	verbo intransitivo, verbo transitivo
vr	-	verbo reflexivo
vt	-	verbo transitivo

Abreviatura en griego

αρ.	-	sustantivo masculino
αρ.πλ.	-	masculino plural
αρ./θηλ.	-	masculino, femenino
θηλ.	-	sustantivo femenino
θηλ.πλ.	-	femenino plural

ουδ.	-	neutro
ουδ.πλ.	-	género neutro plural
πλ.	-	plural

Colección de guías de conversación
"¡Todo irá bien!"

T&P Books Publishing

GUÍA DE CONVERSACIÓN
— GRIEGO —

Andrey Taranov

LAS PALABRAS Y LAS FRASES MÁS ÚTILES

Esta Guía de Conversación contiene las frases y las preguntas más comunes necesitadas para una comunicación básica con extranjeros

T&P BOOKS

Guía de conversación + diccionario de 3000 palabras

Guía de conversación Español-Griego y vocabulario temático de 3000 palabras

por Andrey Taranov

La colección de guías de conversación para viajar "Todo irá bien" publicada por T&P Books está diseñada para personas que viajan al extranjero para turismo y negocios. Las guías contienen lo más importante - los elementos esenciales para una comunicación básica. Éste es un conjunto de frases imprescindibles para "sobrevivir" mientras está en el extranjero.

Este libro también incluye un pequeño vocabulario temático que contiene alrededor de 3.000 de las palabras más frecuentemente usadas. Otra sección de la guía proporciona un glosario gastronómico que le puede ayudar a pedir los alimentos en un restaurante o a comprar comestibles en la tienda.

T&P Books Publishing
www.tpbooks.com

ISBN: 978-1-78492-659-5

Este libro está disponible en formato electrónico o de E-Book también.
Visite www.tpbooks.com o las librerías electrónicas más destacadas en la Red.

T&P BOOKS

GUÍA DE CONVERSACIÓN GRIEGO

Esta sección contiene frases
importantes que pueden
resultar útiles en varias
situaciones de la vida real.
La Guía le ayudará a pedir
direcciones, aclaración
sobre precio, comprar billetes,
y pedir alimentos en un
restaurante

T&P Books Publishing

CONTENIDO DE LA GUÍA DE CONVERSACIÓN

T&P Books Publishing

Lo más imprescindible

Perdone, …	**Συγνώμη, …** [siɣnómi, …]
Hola.	**Γεια σας.** [ʝa sas]
Gracias.	**Ευχαριστώ.** [efxaristó]
Sí.	**Ναι.** [ne]
No.	**Όχι.** [óxi]
No lo sé.	**Δεν ξέρω.** [ðen kséro]
¿Dónde? | ¿A dónde? | ¿Cuándo?	**Πού; | Προς τα πού; | Πότε;** [pú? | pros ta pú? | póte?]
Necesito …	**Χρειάζομαι …** [xriázome …]
Quiero …	**Θέλω …** [θélʲo …]
¿Tiene …?	**Έχετε …;** [éxete …?]
¿Hay … por aquí?	**Μήπως υπάρχει … εδώ;** [mípos ipárxi … eðó?]
¿Puedo …?	**Θα μπορούσα να …;** [θa borúsa na …?]
…, por favor? (petición educada)	**…, παρακαλώ** […, parakalʲó]
Busco …	**Ψάχνω για …** [psáxno ʝa …]
el servicio	**τουαλέτα** [tualéta]
un cajero automático	**ATM** [eitiém]
una farmacia	**φαρμακείο** [farmakío]
el hospital	**νοσοκομείο** [nosokomío]
la comisaría	**αστυνομικό τμήμα** [astinomikó tmíma]
el metro	**μετρό** [metró]

un taxi	**ταξί** [taksí]
la estación de tren	**σιδηροδρομικό σταθμό** [siðiroðromikó staθmó]
Me llamo ...	**Ονομάζομαι ...** [onomázome ...]
¿Cómo se llama?	**Πώς ονομάζεστε;** [pós onomázeste?]
¿Puede ayudarme, por favor?	**Μπορείτε παρακαλώ να με βοηθήσετε;** [boríte parakalʲó na me voiθísete?]
Tengo un problema.	**Έχω ένα πρόβλημα.** [éxo éna próvlima]
Me encuentro mal.	**Δεν αισθάνομαι καλά.** [ðen esθánome kalʲá]
¡Llame a una ambulancia!	**Καλέστε ένα ασθενοφόρο!** [kaléste éna asθenofóro!]
¿Puedo llamar, por favor?	**Θα μπορούσα να κάνω ένα τηλέφωνο;** [θa borúsa na káno éna tiléfono?]
Lo siento.	**Συγνώμη.** [siɣnómi]
De nada.	**Παρακαλώ!** [parakalʲó!]
Yo	**Εγώ, εμένα** [eɣó, eména]
tú	**εσύ** [esí]
él	**αυτός** [aftós]
ella	**αυτή** [aftí]
ellos	**αυτοί** [aftí]
ellas	**αυτές** [aftés]
nosotros /nosotras/	**εμείς** [emís]
ustedes, vosotros	**εσείς** [esís]
usted	**εσείς** [esís]
ENTRADA	**ΕΙΣΟΔΟΣ** [ísoðos]
SALIDA	**ΕΞΟΔΟΣ** [éksoðos]

FUERA DE SERVICIO	**ΕΚΤΟΣ ΛΕΙΤΟΥΡΓΙΑΣ** [éktos liturjías]
CERRADO	**ΚΛΕΙΣΤΟ** [klísto]
ABIERTO	**ΑΝΟΙΚΤΟ** [aníkto]
PARA SEÑORAS	**ΓΥΝΑΙΚΩΝ** [jinekón]
PARA CABALLEROS	**ΑΝΔΡΩΝ** [ánðron]

Preguntas

¿Dónde?	**Πού;** [pú?]
¿A dónde?	**Προς τα πού;** [pros ta pú?]
¿De dónde?	**Από πού;** [apó pú?]
¿Por qué?	**Γιατί;** [ʝatí?]
¿Con que razón?	**Για ποιο λόγο;** [ʝa pio lʲóɣo?]
¿Cuándo?	**Πότε;** [póte?]
¿Cuánto tiempo?	**Πόσο χρόνο χρειάζεται;** [póso xróno xriázete?]
¿A qué hora?	**Τι ώρα;** [ti óra?]
¿Cuánto?	**Πόσο κάνει;** [póso káni?]
¿Tiene ...?	**Μήπως έχετε ...;** [mípos éxete ...?]
¿Dónde está ...?	**Πού είναι ...;** [pú íne ...?]
¿Qué hora es?	**Τι ώρα είναι;** [ti óra íne?]
¿Puedo llamar, por favor?	**Θα μπορούσα να κάνω ένα τηλέφωνο;** [θa borúsa na káno éna tiléfono?]
¿Quién es?	**Ποιος είναι;** [pios íne?]
¿Se puede fumar aquí?	**Μπορώ να καπνίσω εδώ;** [boró na kapníso eðó?]
¿Puedo ...?	**Θα μπορούσα να ...;** [θa borúsa na ...?]

Necesidades

Quisiera ...	**Θα ήθελα ...** [θa íθelʲa ...]
No quiero ...	**Δεν θέλω ...** [ðen θélʲo ...]
Tengo sed.	**Διψάω.** [ðipsáo]
Tengo sueño.	**Θέλω να κοιμηθώ.** [θélʲo na kemiθó]

Quiero ...	**Θέλω ...** [θélʲo ...]
lavarme	**να πλυθώ** [na pliθó]
cepillarme los dientes	**να πλύνω τα δόντια μου** [na plíno ta ðóndia mu]
descansar un momento	**να ξεκουραστώ λίγο** [na ksekurastó líɣo]
cambiarme de ropa	**να αλλάξω ρούχα** [na alʲákso rúxa]

---

volver al hotel	**να επιστρέψω στο ξενοδοχείο** [na epistrépso sto ksenoðoxío]
comprar ...	**να αγοράσω ...** [na aɣoráso ...]
ir a ...	**να πάω στο ...** [na páo sto ...]
visitar ...	**να επισκεφτώ ...** [na episkeftó ...]
quedar con ...	**να συναντηθώ με ...** [na sinandiθó me ...]
hacer una llamada	**να τηλεφωνήσω** [na tilefoníso]

Estoy cansado /cansada/.	**Είμαι κουρασμένος /κουρασμένη/.** [íme kurazménos /kurazméni/]
Estamos cansados /cansadas/.	**Είμαστε κουρασμένοι.** [ímaste kurazméni]
Tengo frío.	**Κρυώνω.** [krióno]
Tengo calor.	**Ζεσταίνομαι.** [zesténome]
Estoy bien.	**Είμαι καλά.** [íme kalʲá]

Tengo que hacer una llamada.	**Πρέπει να κάνω ένα τηλέφωνο.** [prépi na káno éna tiléfono]
Necesito ir al servicio.	**Πρέπει να πάω στην τουαλέτα.** [prépi na páo sten tualéta]
Me tengo que ir.	**Πρέπει να φύγω.** [prépi na fíɣo]
Me tengo que ir ahora.	**Πρέπει να φύγω τώρα.** [prépi na fíɣo tóra]

Preguntar por direcciones

Perdone, ...	**Συγνώμη, ...** [siɣnómi, ...]
¿Dónde está ...?	**Πού είναι ...;** [pú íne ...?]
¿Por dónde está ...?	**Από ποιο δρόμο είναι ...;** [apó pio ðrómo íne ...?]
¿Puede ayudarme, por favor?	**Θα μπορούσατε να με βοηθήσετε παρακαλώ;** [θa borúsate na me voiθísete parakalʲó?]
Busco ...	**Ψάχνω για ...** [psáxno ja ...]
Busco la salida.	**Ψάχνω για την έξοδο.** [psáxno ja tin éksoðo]
Voy a ...	**Πηγαίνω στ ...** [pijéno st ...]
¿Voy bien por aquí para ...?	**Πηγαίνω σωστά από εδώ για ...;** [pijéno sostá apó eðó ja ...?]
¿Está lejos?	**Είναι μακριά από εδώ;** [íne makriá apó eðó?]
¿Puedo llegar a pie?	**Μπορώ να πάω εκεί με τα πόδια;** [boró na páo ekí me ta póðia?]
¿Puede mostrarme en el mapa?	**Μπορείτε να μου δείξετε στο χάρτη;** [boríte na mu ðíksete sto xárti?]
Por favor muestreme dónde estamos.	**Δείξετε μου που βρισκόμαστε αυτή τη στιγμή.** [ðíksete mu pu vriskómaste aftí ti stiɣmí]
Aquí	**Εδώ** [eðó]
Allí	**Εκεί** [ekí]
Por aquí	**Από εδώ** [apó eðó]
Gire a la derecha.	**Στρίψτε δεξιά.** [strípste ðeksiá]
Gire a la izquierda.	**Στρίψτε αριστερά.** [strípste aristerá]
la primera (segunda, tercera) calle	**πρώτος (δεύτερος, τρίτος) δρόμος** [prótos (ðéfteros, trítos) ðrómos]

a la derecha	**δεξιά** [ðeksiá]
a la izquierda	**αριστερά** [aristerá]
Siga recto.	**Πηγαίνετε όλο ευθεία.** [pij̯énete óľo efθía]

Carteles

¡BIENVENIDO!	**ΚΑΛΩΣ ΗΡΘΑΤΕ!** [kalʲós íɾθate!]
ENTRADA	**ΕΙΣΟΔΟΣ** [ísoðos]
SALIDA	**ΕΞΟΔΟΣ** [éksoðos]
EMPUJAR	**ΩΘΗΣΑΤΕ** [oθísate]
TIRAR	**ΕΛΞΑΤΕ** [élʲksate]
ABIERTO	**ΑΝΟΙΚΤΟ** [aníkto]
CERRADO	**ΚΛΕΙΣΤΟ** [klísto]
PARA SEÑORAS	**ΓΥΝΑΙΚΩΝ** [ʝinekón]
PARA CABALLEROS	**ΑΝΔΡΩΝ** [ánðron]
CABALLEROS	**ΚΥΡΙΟΙ** [kíri]
SEÑORAS	**ΚΥΡΙΕΣ** [kíries]
REBAJAS	**ΕΚΠΤΩΣΕΙΣ** [ekptósis]
VENTA	**ΞΕΠΟΥΛΗΜΑ** [ksepúlima]
GRATIS	**ΔΩΡΕΑΝ** [ðoreán]
¡NUEVO!	**ΝΕΟ!** [néo!]
ATENCIÓN	**ΠΡΟΣΟΧΗ!** [prosoxí!]
COMPLETO	**ΔΕΝ ΥΠΑΡΧΟΥΝ ΚΕΝΑ ΔΩΜΑΤΙΑ** [ðen ipárxun kená ðomátia]
RESERVADO	**ΡΕΖΕΡΒΕ** [rezervé]
ADMINISTRACIÓN	**ΔΙΕΥΘΥΝΤΗΣ** [ðiéfθindis]
SÓLO PERSONAL AUTORIZADO	**ΜΟΝΟ ΓΙΑ ΤΟ ΠΡΟΣΩΠΙΚΟ** [móno ʝa to prosópiko]

CUIDADO CON EL PERRO	**ΠΡΟΣΟΧΗ ΣΚΥΛΟΣ** [prosoxí skílʲos]
NO FUMAR	**ΑΠΑΓΟΡΕΥΕΤΑΙ ΤΟ ΚΑΠΝΙΣΜΑ** [apaɣorévete to kápnizma]
NO TOCAR	**ΜΗΝ ΑΓΓΙΖΕΤΕ!** [min angízete!]

PELIGROSO	**ΕΠΙΚΙΝΔΥΝΟ** [epikínðino]
PELIGRO	**ΚΙΝΔΥΝΟΣ** [kínðinos]
ALTA TENSIÓN	**ΥΨΗΛΗ ΤΑΣΗ** [ípseli tási]
PROHIBIDO BAÑARSE	**ΑΠΑΓΟΡΕΥΕΤΑΙ ΤΟ ΚΟΛΥΜΠΙ** [apaɣorévete to kolíbi]

FUERA DE SERVICIO	**ΕΚΤΟΣ ΛΕΙΤΟΥΡΓΙΑΣ** [éktos liturʝías]
INFLAMABLE	**ΕΥΦΛΕΚΤΟ** [éflekto]
PROHIBIDO	**ΑΠΑΓΟΡΕΥΕΤΑΙ** [apaɣorévete]
PROHIBIDO EL PASO	**ΑΠΑΓΟΡΕΥΕΤΑΙ Η ΕΙΣΟΔΟΣ** [apaɣorévete i ísoðos]
RECIÉN PINTADO	**ΦΡΕΣΚΟΒΑΜΜΕΝΟ** [frésko vaméno]

CERRADO POR RENOVACIÓN	**ΚΛΕΙΣΤΟ ΛΟΓΩ ΕΡΓΑΣΙΩΝ** [klísto lʲóɣo erɣásion]
EN OBRAS	**ΕΡΓΑ ΕΝ ΟΨΕΙ** [érɣa en ópsi]
DESVÍO	**ΠΑΡΑΚΑΜΨΗ** [parákampsi]

Transporte. Frases generales

el avión	**αεροπλάνο** [aeropl'áno]
el tren	**τρένο** [tréno]
el bus	**λεωφορείο** [leoforío]
el ferry	**φέρι μποτ** [féri bot]
el taxi	**ταξί** [taksí]
el coche	**αυτοκίνητο** [aftokínito]
el horario	**δρομολόγιο** [ðromol'ójo]
¿Dónde puedo ver el horario?	**Πού μπορώ να δω το δρομολόγιο;** [pú boró na ðo to ðromol'ójo?]
días laborables	**εργάσιμες ημέρες** [erɣásimes iméres]
fines de semana	**Σαββατοκύριακα** [savatokíriaka]
días festivos	**διακοπές** [ðiakopés]
SALIDA	**ΑΝΑΧΩΡΗΣΗ** [anaxórisi]
LLEGADA	**ΑΦΙΞΗ** [áfiksi]
RETRASADO	**ΚΑΘΥΣΤΕΡΗΣΗ** [kaθistérisi]
CANCELADO	**ΑΚΥΡΩΣΗ** [akírosi]
siguiente (tren, etc.)	**επόμενο** [epómeno]
primero	**πρώτο** [próto]
último	**τελευταίο** [teleftéo]
¿Cuándo pasa el siguiente ...?	**Πότε είναι το επόμενο ...;** [póte íne to epómeno ...?]
¿Cuándo pasa el primer ...?	**Πότε είναι το πρώτο ...;** [póte íne to próto ...?]

¿Cuándo pasa el último ...?	**Πότε είναι το τελευταίο ...;** [póte íne to teleftéo ...?]
el trasbordo (cambio de trenes, etc.)	**ανταπόκριση** [andapókrisi]
hacer un trasbordo	**αλλάζω** [alʲázo]
¿Tengo que hacer un trasbordo?	**χρειάζεται να αλλάζω;** [xriázete na alʲázo?]

Comprar billetes

¿Dónde puedo comprar un billete?	**Πού μπορώ να αγοράσω εισιτήριο;** [pú boró na aɣoráso isitírio?]
el billete	**εισιτήριο** [isitírio]
comprar un billete	**αγοράζω εισιτήριο** [aɣorázo isitírio]
precio del billete	**τιμή εισιτηρίου** [timí isitiríu]
¿Para dónde?	**Για πού;** [ja pú?]
¿A qué estación?	**Σε ποια στάση;** [se pia stási?]
Necesito ...	**Χρειάζομαι ...** [xriázome ...]
un billete	**ένα εισιτήριο** [éna isitírio]
dos billetes	**δύο εισιτήρια** [ðío isitíria]
tres billetes	**τρία εισιτήρια** [tría isitíria]
sólo ida	**απλή μετάβαση** [aplí metávasi]
ida y vuelta	**μετ' επιστροφής** [met epistrofís]
en primera (primera clase)	**πρώτη θέση** [próti θési]
en segunda (segunda clase)	**δεύτερη θέση** [ðéfteri θési]
hoy	**σήμερα** [símera]
mañana	**αύριο** [ávrio]
pasado mañana	**μεθαύριο** [meθávrio]
por la mañana	**το πρωί** [to proí]
por la tarde	**το απόγευμα** [to apójevma]
por la noche	**το βράδυ** [to vráði]

asiento de pasillo	**θέση δίπλα στον διάδρομο** [θési ðípl'a ston ðiáðromo]
asiento de ventanilla	**θέση δίπλα στο παράθυρο** [θési ðípl'a sto paráθiro]
¿Cuánto cuesta?	**Πόσο κάνει;** [póso káni?]
¿Puedo pagar con tarjeta?	**Μπορώ να πληρώσω με πιστωτική κάρτα;** [boró na pliróso me pistotikí kárta?]

Autobús

el autobús	**λεωφορείο** [leoforío]
el autobús interurbano	**υπεραστικό λεωφορείο** [iperastikó leoforío]
la parada de autobús	**στάση λεωφορείου** [stási leoforíu]
¿Dónde está la parada de autobuses más cercana?	**Πού είναι η πιο κοντινή στάση λεωφορείου;** [pú íne i pio kondiní stási leoforíu?]
número	**αριθμός** [ariθmós]
¿Qué autobús tengo que tomar para ...?	**Ποιο λεωφορείο πρέπει να πάρω για να πάω ...;** [pio leoforío prépi na páro ja na páo ...?]
¿Este autobús va a ...?	**Πάει αυτό το λεωφορείο στ ...;** [pái aftó to leoforío st ...?]
¿Cada cuanto pasa el autobús?	**Κάθε πότε έχει λεωφορείο;** [káθe póte éxi leoforío?]
cada 15 minutos	**κάθε 15 λεπτά** [káθe ðekapénde leptá]
cada media hora	**κάθε μισή ώρα** [káθe misí óra]
cada hora	**κάθε μία ώρα** [káθe mía óra]
varias veces al día	**αρκετές φορές την μέρα** [arketés forés tin méra]
... veces al día	**... φορές την μέρα** [... forés tin méra]
el horario	**δρομολόγιο** [ðromolʲójo]
¿Dónde puedo ver el horario?	**Πού μπορώ να δω το δρομολόγιο;** [pú boró na ðo to ðromolʲójo?]
¿Cuándo pasa el siguiente autobús?	**Πότε είναι το επόμενο λεωφορείο;** [póte íne to epómeno leoforío?]
¿Cuándo pasa el primer autobús?	**Πότε είναι το πρώτο λεωφορείο;** [póte íne to próto leoforío?]
¿Cuándo pasa el último autobús?	**Πότε είναι το τελευταίο λεωφορείο;** [póte íne to teleftéo leoforío?]

la parada	**στάση** [stási]
la siguiente parada	**η επόμενη στάση** [i epómeni stási]
la última parada	**η τελευταία στάση** [i teleftéa stási]
Pare aquí, por favor.	**Σταματήστε εδώ, παρακαλώ.** [stamatíste eðó, parakalʲó]
Perdone, esta es mi parada.	**Συγνώμη, εδώ κατεβαίνω.** [siɣnómi, eðó katevéno]

Tren

el tren	**τρένο** [tréno]
el tren de cercanías	**ηλεκτροκίνητο τρένο** [ilektrokínito tréno]
el tren de larga distancia	**τρένο για διαδρομές μεγάλων αποστάσεων** [tréno ja ðiaðromés meɣálʲon apostáseon]
la estación de tren	**σταθμός τρένου** [staθmós trénu]
Perdone, ¿dónde está la salida al anden?	**Συγνώμη, που είναι η έξοδος για την πλατφόρμα επιβίβασης;** [siɣnómi, pu íne i éksoðos ja tin plʲatfórma epivívasis?]
¿Este tren va a ...?	**Πηγαίνει αυτό το τρένο στ ...;** [pijéni aftó to tréno st ...?]
el siguiente tren	**επόμενο τρένο** [epómeno tréno]
¿Cuándo pasa el siguiente tren?	**Πότε είναι το επόμενο τρένο;** [póte íne to epómeno tréno?]
¿Dónde puedo ver el horario?	**Πού μπορώ να δω το δρομολόγιο;** [pú boró na ðo to ðromolʲójo?]
¿De qué andén?	**Από ποια πλατφόρμα;** [apó pia plʲatfórma?]
¿Cuándo llega el tren a ...?	**Πότε φθάνει το τραίνο στο ...;** [póte fθáni to tréno sto ...?]
Ayudeme, por favor.	**Παρακαλώ βοηθήστε με.** [parakalʲó voiθíste me]
Busco mi asiento.	**Ψάχνω τη θέση μου.** [psáxno ti θési mu]
Buscamos nuestros asientos.	**Ψάχνουμε τις θέσεις μας.** [psáxnume tis θésis mas]
Mi asiento está ocupado.	**Η θέση μου είναι πιασμένη.** [i θési mu íne piazméni]
Nuestros asientos están ocupados.	**Οι θέσεις μας είναι πιασμένες.** [i θésis mas íne piazménes]
Perdone, pero ese es mi asiento.	**Συγνώμη αλλά αυτή είναι η θέση μου.** [siɣnómi alʲá aftí íne i θési mu]

¿Está libre?	**Είναι αυτή η θέση πιασμένη;** [íne afté i θési piazméni?]
¿Puedo sentarme aquí?	**Θα μπορούσα να κάτσω εδώ;** [θa borúsa na kátso eðó?]

En el tren. Diálogo (Sin billete)

Su billete, por favor.	**Το εισιτήριό σας, παρακαλώ.** [to isitírió sas, parakalʲó]
No tengo billete.	**Δεν έχω εισιτήριο.** [ðen éxo isitírio]
He perdido mi billete.	**Έχασα το εισιτήριο μου.** [éxasa to isitírio mu]
He olvidado mi billete en casa.	**Ξέχασα το εισιτήριό μου στο σπίτι.** [kséxasa to isitírió mu sto spíti]
Le puedo vender un billete.	**Μπορώ εγώ να σας εκδώσω εισιτήριο.** [boró eɣó na sas ekðóso isitírio]
También deberá pagar una multa.	**Πρέπει να πληρώσετε και πρόστιμο.** [prépi na plirósete ke próstimo]
Vale.	**Εντάξει.** [endáksi]
¿A dónde va usted?	**Πού πάτε;** [pú páte?]
Voy a ...	**Πηγαίνω στ ...** [piʝéno st ...]
¿Cuánto es? No lo entiendo.	**Πόσο κάνει; Δεν καταλαβαίνω.** [póso káni? ðen katalʲavéno]
Escríbalo, por favor.	**Γράψτε το παρακαλώ.** [ɣrápste to parakalʲó]
Vale. ¿Puedo pagar con tarjeta?	**Εντάξει. Μπορώ να πληρώσω με πιστωτική κάρτα;** [endáksi. boró na pliróso me pistotikí kárta?]
Sí, puede.	**Ναι μπορείτε.** [ne boríte]
Aquí está su recibo.	**Ορίστε η απόδειξή σας.** [oríste i apóðiksí sas]
Disculpe por la multa.	**Συγνώμη για το πρόστιμο.** [siɣnómi ʝa to próstimo]
No pasa nada. Fue culpa mía.	**Είναι εντάξει. Ήταν δικό μου λάθος.** [íne endáksi. ítan ðikó mu lʲáθos]
Disfrute su viaje.	**Καλό ταξίδι.** [kalʲó taksíði]

Taxi

taxi	**ταξί** [taksí]
taxista	**οδηγός ταξί** [oðiɣós taksí]
coger un taxi	**να πάρω ένα ταξί** [na páro éna taksí]
parada de taxis	**πιάτσα ταξί** [piátsa taksí]
¿Dónde puedo coger un taxi?	**Πού μπορώ να βρω ένα ταξί;** [pú boró na vro éna taksí?]
llamar a un taxi	**καλώ ένα ταξί** [kalʲó éna taksí]
Necesito un taxi.	**χρειάζομαι ένα ταξί.** [xriázome éna taksí]
Ahora mismo.	**Τώρα.** [tóra]
¿Cuál es su dirección?	**Ποια είναι η διεύθυνσή σας;** [pia íne i ðiéfθinsí sas?]
Mi dirección es ...	**Η διεύθυνσή μου είναι ...** [i ðiéfθinsi mu íne ...]
¿Cuál es el destino?	**Πού πηγαίνετε;** [pú pijénete?]

Perdone, ...	**Συγνώμη, ...** [siɣnómi, ...]
¿Está libre?	**Είστε ελεύθερος;** [íste eléfθeros?]
¿Cuánto cuesta ir a ...?	**Πόσο κοστίζει να πάω μέχρι ...;** [póso kostízi na páo méxri ...?]
¿Sabe usted dónde está?	**Ξέρετε που είναι;** [ksérete pu íne?]

Al aeropuerto, por favor.	**Στο αεροδρόμιο, παρακαλώ.** [sto aeroðrómio, parakalʲó]
Pare aquí, por favor.	**Σταματήστε εδώ, παρακαλώ.** [stamatíste eðó, parakalʲó]
No es aquí.	**Δεν είναι εδώ.** [ðen íne eðó]
La dirección no es correcta.	**Αυτή είναι λάθος διεύθυνση.** [aftí íne lʲáθos ðiéfθinsi]
Gire a la izquierda.	**Στρίψτε αριστερά.** [strípste aristerá]
Gire a la derecha.	**Στρίψτε δεξιά.** [strípste ðeksiá]

¿Cuánto le debo?	**Τι σας οφείλω;** [ti sas ofílʲo?]
¿Me da un recibo, por favor?	**Θα ήθελα παρακαλώ μία απόδειξη.** [θa íθelʲa parakalʲó mía apóðiksi]
Quédese con el cambio.	**Κρατήστε τα ρέστα.** [kratíste ta résta]

Espéreme, por favor.	**Μπορείτε παρακαλώ να με περιμένετε;** [boríte parakalʲó na me periménete?]
cinco minutos	**πέντε λεπτά** [pénde leptá]
diez minutos	**δέκα λεπτά** [ðéka leptá]
quince minutos	**δεκαπέντε λεπτά** [ðekapénde leptá]
veinte minutos	**είκοσι λεπτά** [íkosi leptá]
media hora	**μισή ώρα** [misí óra]

Hotel

Hola.	**Γεια σας.** [ja sas]
Me llamo ...	**Ονομάζομαι ...** [onomázome ...]
Tengo una reserva.	**Έχω κάνει μια κράτηση.** [éxo káni mia krátisi]
Necesito ...	**Χρειάζομαι ...** [xriázome ...]
una habitación individual	**ένα μονόκλινο δωμάτιο** [éna monóklino ðomátio]
una habitación doble	**ένα δίκλινο δωμάτιο** [éna ðíklino ðomátio]
¿Cuánto cuesta?	**Πόσο κοστίζει;** [póso kostízi?]
Es un poco caro.	**Είναι λίγο ακριβό.** [íne líɣo akrivó]
¿Tiene alguna más?	**Έχετε κάτι άλλο διαθέσιμο;** [éxete káti ál'o ðiaθésimo?]
Me quedo.	**Θα το κλείσω.** [θa to klíso]
Pagaré en efectivo.	**Θα πληρώσω μετρητά.** [θa pliróso metritá]
Tengo un problema.	**Έχω ένα πρόβλημα.** [éxo éna próvlima]
Mi ... no funciona.	**Το ... μου είναι σπασμένο.** [to ... mu íne spazméno]
Mi ... está fuera de servicio.	**Το ... μου δεν λειτουργεί.** [to ... mu ðen liturjí]
televisión	**τηλεόραση** [tileórasi]
aire acondicionado	**κλιματισμός** [klimatizmós]
grifo	**βρύση** [vrísi]
ducha	**ντους** [dus]
lavabo	**νιπτήρας** [niptíras]
caja fuerte	**χρηματοκιβώτιο** [xrimatokivótio]

cerradura	**κλειδαριά** [kliðariá]
enchufe	**πρίζα** [príza]
secador de pelo	**σεσουάρ μαλλιών** [sesuár malión]
No tengo ...	**Δεν έχω καθόλου ...** [ðen éxo kaθólʲu ...]
agua	**νερό** [neró]
luz	**φως** [fos]
electricidad	**ηλεκτρικό ρεύμα** [ilektrikó révma]
¿Me puede dar ...?	**Μπορείτε να μου δώσετε ...;** [boríte na mu ðósete ...?]
una toalla	**μια πετσέτα** [mia petséta]
una sábana	**μια κουβέρτα** [mia kuvérta]
unas chanclas	**παντόφλες** [pandófles]
un albornoz	**μία ρόμπα** [mía róba]
un champú	**σαμπουάν** [sambuán]
jabón	**σαπούνι** [sapúni]
Quisiera cambiar de habitación.	**Θα ήθελα να αλλάξω δωμάτιο.** [θa íθelʲa na alʲákso ðomátio]
No puedo encontrar mi llave.	**Δεν βρίσκω το κλειδί μου.** [ðen vrísko to kliðí mu]
Por favor abra mi habitación.	**Θα μπορούσατε παρακαλώ να ανοίξετε το δωμάτιό μου;** [θa borúsate parakalʲó na aníksete to ðomátió mu?]
¿Quién es?	**Ποιος είναι;** [pios íne?]
¡Entre!	**Περάστε!** [peráste!]
¡Un momento!	**Μια στιγμή!** [mia stiɣmí!]
Ahora no, por favor.	**Όχι τώρα, παρακαλώ.** [óxi tóra, parakalʲó]
Venga a mi habitación, por favor.	**Παρακαλώ, μπείτε στο δωμάτιό μου.** [parakalʲó, bíte sto ðomátió mu]

Quisiera hacer un pedido.	**Θα ήθελα να παραγγείλω φαγητό στο δωμάτιο.** [θa íθelʲa na parangílʲo fajitó sto ðomátio]
Mi número de habitación es ...	**Ο αριθμός δωματίου μου είναι ...** [o ariθmós ðomatíu mu íne ...]
Me voy ...	**Φεύγω ...** [févγo ...]
Nos vamos ...	**Φεύγουμε ...** [févγume ...]
Ahora mismo	**τώρα** [tóra]
esta tarde	**σήμερα το απόγευμα** [símera to apójevma]
esta noche	**απόψε** [apópse]
mañana	**αύριο** [ávrio]
mañana por la mañana	**αύριο το πρωί** [ávrio to proí]
mañana por la noche	**αύριο βράδυ** [ávrio vráði]
pasado mañana	**μεθαύριο** [meθávrio]

Quisiera pagar la cuenta.	**Θα ήθελα να πληρώσω.** [θa íθelʲa na pliróso]
Todo ha estado estupendo.	**Όλα ήταν υπέροχα.** [ólʲa ítan ipéroxa]
¿Dónde puedo coger un taxi?	**Πού μπορώ να πάρω ένα ταξί;** [pú boró na páro éna taksí?]
¿Puede llamarme un taxi, por favor?	**Μπορείτε παρακαλώ να καλέσετε ένα ταξί για μένα;** [boríte parakalʲó na kalésete éna taksí ja ména?]

Restaurante

¿Puedo ver el menú, por favor?	**Μπορώ να έχω έναν κατάλογο παρακαλώ;** [boró na éxo énan katálʲoɣo parakalʲó?]
Mesa para uno.	**Τραπέζι για ένα άτομο.** [trapézi ja éna átomo]
Somos dos (tres, cuatro).	**Είμαστε δύο (τρία, τέσσερα) άτομα.** [ímaste ðío (tría, tésera) átoma]
Para fumadores	**Επιτρέπεται Κάπνισμα** [epitrépete kápnizma]
Para no fumadores	**Απαγορεύεται το κάπνισμα** [apaɣorévete to kápnizma]
¡Por favor! (llamar al camarero)	**Συγνώμη!** [siɣnómi!]
la carta	**κατάλογος φαγητού** [katálʲoɣos fajitú]
la carta de vinos	**κατάλογος κρασιών** [katálʲoɣos krasión]
La carta, por favor.	**Τον κατάλογο, παρακαλώ.** [ton katálʲoɣo, parakalʲó]
¿Está listo para pedir?	**Είστε έτοιμος να παραγγείλετε;** [íste étimos na parangílete?]
¿Qué quieren pedir?	**Τι θα πάρετε;** [ti θa párete?]
Yo quiero ...	**Θα πάρω ...** [θa páro ...]
Soy vegetariano.	**Είμαι χορτοφάγος.** [íme xortofáɣos]
carne	**κρέας** [kréas]
pescado	**ψάρι** [psári]
verduras	**λαχανικά** [lʲaxaniká]
¿Tiene platos para vegetarianos?	**Έχετε πιάτα για χορτοφάγους;** [éxete piáta ja xortofágus?]
No como cerdo.	**Δεν τρώω χοιρινό.** [ðen tróo xirinó]
Él /Ella/ no come carne.	**Αυτός /αυτή/ δεν τρώει κρέας.** [aftós /aftí/ ðen trói kréas]

Soy alérgico a ...	**Είμαι αλλεργικός στο ...** [íme alerjikós sto ...]
¿Me puede traer ..., por favor?	**Μπορείτε παρακαλώ να μου φέρετε ...** [boríte parakalʲó na mu férete ...]
sal | pimienta | azúcar	**αλάτι | πιπέρι | ζάχαρη** [alʲáti | pipéri | záxari]
café | té | postre	**καφέ | τσάι | επιδόρπιο** [kafé | tsái | epiðórpio]
agua | con gas | sin gas	**νερό | ανθρακούχο | φυσικό μεταλλικό** [neró | anθrakúxo | fisikó metalikó]
una cuchara | un tenedor | un cuchillo	**ένα κουτάλι | πιρούνι | μαχαίρι** [éna kutáli | pirúni | maxéri]
un plato | una servilleta	**ένα πιάτο | πετσέτα** [éna piáto | petséta]

¡Buen provecho!	**Καλή όρεξη!** [kalí óreksi!]
Uno más, por favor.	**Ένα ακόμα, παρακαλώ.** [éna akóma, parakalʲó]
Estaba delicioso.	**Ήταν πολύ νόστιμο.** [ítan polí nóstimo]

la cuenta | el cambio | la propina	**λογαριασμός | ρέστα | πουρμπουάρ** [lʲoɣariazmóς | résta | purbuár]
La cuenta, por favor.	**Τον λογαριασμό, παρακαλώ.** [ton lʲoɣariazmó, parakalʲó]
¿Puedo pagar con tarjeta?	**Μπορώ να πληρώσω με πιστωτική κάρτα;** [boró na plirόso me pistotikí kárta?]
Perdone, aquí hay un error.	**Συγνώμη, εδώ υπάρχει ένα λάθος.** [siɣnómi, eðó ipárxi éna lʲáθos]

De Compras

¿Puedo ayudarle?	**Τι θα θέλατε παρακαλώ;** [ti θa θélʲate parakalʲó?]
¿Tiene ...?	**Έχετε ...;** [éxete ...?]
Busco ...	**Ψάχνω για ...** [psáxno ja ...]
Necesito ...	**Χρειάζομαι ...** [xriázome ...]
Sólo estoy mirando.	**Ρίχνω απλώς μία ματιά.** [ríxno aplʲós mía matiá]
Sólo estamos mirando.	**Ρίχνουμε απλώς μία ματιά.** [ríxnume aplʲós mía matiá]
Volveré más tarde.	**Θα ξαναέρθω αργότερα.** [θa ksanaérθo aryótera]
Volveremos más tarde.	**Θα ξαναέρθουμε αργότερα.** [θa ksanaérθume aryótera]
descuentos | oferta	**εκπτώσεις | πώληση με προσφορά** [ekptósis | pólisi me prosforá]
Por favor, enséñeme ...	**Μπορείτε παρακαλώ να μου δείξετε ...** [boríte parakalʲó na mu ðíksete ...]
¿Me puede dar ..., por favor?	**Μπορείτε παρακαλώ να μου δώσετε ...** [boríte parakalʲó na mu ðósete ...]
¿Puedo probarmelo?	**Μπορώ να το δοκιμάσω;** [boró na to ðokimáso?]
Perdone, ¿dónde están los probadores?	**Συγνώμη, που είναι το δοκιμαστήριο;** [siynómi, pu íne to ðokimastírio?]
¿Qué color le gustaría?	**Ποιο χρώμα θα θέλατε;** [pio xróma θa θélʲate?]
la talla | el largo	**μέγεθος | νούμερο** [méjeθos | número]
¿Cómo le queda? (¿Está bien?)	**Μου πάει;** [mu pái?]
¿Cuánto cuesta esto?	**Πόσο κάνει;** [póso káni?]
Es muy caro.	**Είναι πολύ ακριβό.** [íne polí akrivó]
Me lo llevo.	**Θα το πάρω.** [θa to páro]

Perdone, ¿dónde está la caja?	**Συγνώμη, που μπορώ να πληρώσω;** [siɣnómi, pu boró na pliróso?]
¿Pagará en efectivo o con tarjeta?	**Θα πληρώσετε με μετρητά ή με πιστωτική κάρτα;** [θa plirósete me metritá í me pistotikí kárta?]
en efectivo | con tarjeta	**Τοις μετρητοίς | με πιστωτική κάρτα** [tis metritoís | me pistotikí kárta]

¿Quiere el recibo?	**Θέλετε απόδειξη;** [θélete apóðiksi?]
Sí, por favor.	**Ναι παρακαλώ.** [ne parakalʲó]
No, gracias.	**Όχι, είναι εντάξει.** [óxi, íne endáksi]
Gracias. ¡Que tenga un buen día!	**Ευχαριστώ. Καλή σας μέρα!** [efxaristó. kalí sas méra!]

En la ciudad

Perdone, por favor.	**Με συγχωρείτε, ...** [me sinxoríte, ...]
Busco ...	**Ψάχνω για ...** [psáxno ja ...]
el metro	**μετρό** [metró]
mi hotel	**το ξενοδοχείο μου** [to ksenoðoxío mu]
el cine	**σινεμά** [sinemá]
una parada de taxis	**πιάτσα ταξί** [piátsa taksí]
un cajero automático	**ATM** [eitiém]
una oficina de cambio	**ανταλλακτήριο συναλλάγματος** [adalʲaktírio sinalʲáɣmatos]
un cibercafé	**ίντερνετ καφέ** [ínternet kafé]
la calle ...	**την οδό ...** [tin oðó ...]
este lugar	**αυτό το μέρος** [aftó to méros]
¿Sabe usted dónde está ...?	**Ξέρετε πού είναι ...;** [ksérete pú íne ...?]
¿Cómo se llama esta calle?	**Ποια οδός είναι αυτή;** [pia oðós íne aftí?]
Muestreme dónde estamos ahora.	**Δείξετε μου που βρισκόμαστε αυτή τη στιγμή.** [ðíksete mu pu vriskómaste aftí ti stiɣmí]
¿Puedo llegar a pie?	**Μπορώ να πάω εκεί με τα πόδια;** [boró na páo ekí me ta póðia?]
¿Tiene un mapa de la ciudad?	**Μήπως έχετε χάρτη της πόλης;** [mípos éxete xárti tis pólis?]
¿Cuánto cuesta la entrada?	**Πόσο κάνει το εισιτήριο για να μπείς μέσα;** [póso káni to isitírio ja na béis mésa?]
¿Se pueden hacer fotos aquí?	**Μπορώ να βγάλω φωτογραφίες εδώ;** [boró na vɣálʲo fotografíes eðó?]

¿Está abierto? — **Είστε ανοικτά;**
[íste aniktá?]

¿A qué hora abren? — **Πότε ανοίγετε;**
[póte aníj̯ete?]

¿A qué hora cierran? — **Πότε κλείνετε;**
[póte klínete?]

Dinero

dinero	**χρήματα** [xrímata]
efectivo	**μετρητά** [metritá]
billetes	**χαρτονομίσματα** [xartonomízmata]
monedas	**ρέστα** [résta]
la cuenta | el cambio | la propina	**λογαριασμός | ρέστα | πουρμπουάρ** [lʲoɣariazmóς | résta | purbuár]
la tarjeta de crédito	**πιστωτική κάρτα** [pistotikí kárta]
la cartera	**πορτοφόλι** [portofóli]
comprar	**αγοράζω** [aɣorázo]
pagar	**πληρώνω** [pliróno]
la multa	**πρόστιμο** [próstimo]
gratis	**δωρεάν** [ðoreán]
¿Dónde puedo comprar ...?	**Πού μπορώ να αγοράσω ...;** [pú boró na aɣoráso ...?]
¿Está el banco abierto ahora?	**Είναι τώρα η τράπεζα ανοιχτή;** [íne tóra i trápeza anixtí?]
¿A qué hora abre?	**Πότε ανοίγει;** [póte aníji?]
¿A qué hora cierra?	**Πότε κλείνει;** [póte klíni?]
¿Cuánto cuesta?	**Πόσο κάνει;** [póso káni?]
¿Cuánto cuesta esto?	**Πόσο κάνει αυτό;** [póso káni aftó?]
Es muy caro.	**Είναι πολύ ακριβό.** [íne polí akrivó]
Perdone, ¿dónde está la caja?	**Συγνώμη, που μπορώ να πληρώσω;** [siɣnómi, pu boró na pliróso?]
La cuenta, por favor.	**Τον λογαριασμό, παρακαλώ.** [ton lʲoɣariazmó, parakalʲó]

¿Puedo pagar con tarjeta?	**Μπορώ να πληρώσω με πιστωτική κάρτα;** [boró na pliróso me pistotikí kárta?]
¿Hay un cajero por aquí?	**Μήπως υπάρχει εδώ κοντά κάποιο ATM;** [mípos ipárxi eðó kondá kápio eitiém?]
Busco un cajero automático.	**Ψάχνω να βρω ένα ATM.** [psáxno ja na vro éna eitiém]

Busco una oficina de cambio.	**Ψάχνω για ένα ανταλλακτήριο συναλλάγματος.** [psáxno ja éna andalʲaktírio sinalʲáɣmatos]
Quisiera cambiar ...	**Θα ήθελα να αλλάξω ...** [θa íθelʲa na alʲákso ...]
¿Cuál es el tipo de cambio?	**Ποια είναι η τιμή συναλλάγματος;** [pia íne i timí sinalʲáɣmatos?]
¿Necesita mi pasaporte?	**Θέλετε το διαβατήριο μου;** [θélete to ðiavatírio mu?]

Tiempo

¿Qué hora es?	**Τι ώρα είναι;** [ti óra íne?]
¿Cuándo?	**Πότε;** [póte?]
¿A qué hora?	**Τι ώρα;** [ti óra?]
ahora | luego | después de …	**τώρα | αργότερα | μετά …** [tóra | aryótera | metá …]
la una	**μία η ώρα** [mía i óra]
la una y cuarto	**μία και τέταρτο** [mía ke tétarto]
la una y medio	**μία και μισή** [mía ke misí]
las dos menos cuarto	**δύο παρά τέταρτο** [ðío pará tétarto]
una | dos | tres	**μία | δύο | τρις** [mía | ðío | tris]
cuatro | cinco | seis	**τέσσερις | πέντε | έξι** [téseris | pénde | éksi]
siete | ocho | nueve	**επτά | οκτώ | εννέα** [eptá | októ | enéa]
diez | once | doce	**δέκα | έντεκα | δώδεκα** [ðéka | éndeka | ðóðeka]
en …	**σε …** [se …]
cinco minutos	**πέντε λεπτά** [pénde leptá]
diez minutos	**δέκα λεπτά** [ðéka leptá]
quince minutos	**δεκαπέντε λεπτά** [ðekapénde leptá]
veinte minutos	**είκοσι λεπτά** [íkosi leptá]
media hora	**μισή ώρα** [misí óra]
una hora	**μια ώρα** [mia óra]
por la mañana	**το πρωί** [to proí]

por la mañana temprano	**νωρίς το πρωί** [norís to proí]
esta mañana	**σήμερα το πρωί** [símera to proí]
mañana por la mañana	**αύριο το πρωί** [ávrio to proí]
al mediodía	**την ώρα του μεσημεριανού** [tin óra tu mesimerianú]
por la tarde	**το απόγευμα** [to apójevma]
por la noche	**το βράδυ** [to vráði]
esta noche	**απόψε** [apópse]
por la noche	**την νύχτα** [tin níxta]
ayer	**εχθές** [exθés]
hoy	**σήμερα** [símera]
mañana	**αύριο** [ávrio]
pasado mañana	**μεθαύριο** [meθávrio]
¿Qué día es hoy?	**Τι μέρα είναι σήμερα;** [ti méra íne símera?]
Es ...	**Είναι ...** [íne ...]
lunes	**Δευτέρα** [ðeftéra]
martes	**Τρίτη** [tríti]
miércoles	**Τετάρτη** [tetárti]
jueves	**Πέμπτη** [pémpti]
viernes	**Παρασκευή** [paraskeví]
sábado	**Σάββατο** [sávato]
domingo	**Κυριακή** [kiriakí]

Saludos. Presentaciones.

Hola.	**Γεια σας.** [ja sas]
Encantado /Encantada/ de conocerle.	**Χάρηκα που σας γνώρισα.** [xárika pu sas ɣnórisa]
Yo también.	**Και εγώ επίσης.** [ke eɣó epísis]
Le presento a ...	**Θα ήθελα να συναντήσεις ...** [θa íθelʲa na sinandísis ...]
Encantado.	**Χαίρομαι που σας γνωρίζω.** [xérome pu sas ɣnorízo]
¿Cómo está?	**Τι κάνετε; Πώς είστε;** [ti kánete? pós íste?]
Me llamo ...	**Ονομάζομαι ...** [onomázome ...]
Se llama ...	**Το όνομά του είναι ...** [to ónomá tu íne ...]
Se llama ...	**Το όνομά της είναι ...** [to ónomá tes íne ...]
¿Cómo se llama (usted)?	**Πώς ονομάζεστε;** [pós onomázeste?]
¿Cómo se llama (él)?	**Πώς ονομάζεται;** [pós onomázete?]
¿Cómo se llama (ella)?	**Πώς ονομάζεται;** [pós onomázete?]
¿Cuál es su apellido?	**Ποιο είναι το επώνυμό σας;** [pio íne to epónimó sas?]
Puede llamarme ...	**Μπορείτε να με λέτε ...** [boríte na me léte ...]
¿De dónde es usted?	**Από πού είστε;** [apó pú íste?]
Yo soy de	**Είμαι από ...** [íme apó ...]
¿A qué se dedica?	**Ποιο είναι το επάγγελμά σας;** [pio íne to epángelʲmá sas?]
¿Quién es?	**Ποιος είναι αυτός ο άνθρωπος;** [pios íne aftós o ánθropos?]
¿Quién es él?	**Ποιος είναι αυτός;** [pios íne aftós?]
¿Quién es ella?	**Ποια είναι αυτή;** [pia íne aftí?]
¿Quiénes son?	**Ποιοι είναι αυτοί;** [pii íne aftí?]

Este es ...	**Αυτός είναι ...** [aftós íne ...]
mi amigo	**ο φίλος μου** [o fílʲos mu]
mi amiga	**η φίλη μου** [i fíli mu]
mi marido	**ο σύζυγός μου** [o síziɣós mu]
mi mujer	**η σύζυγός μου** [i síziɣós mu]
mi padre	**ο πατέρας μου** [o patéras mu]
mi madre	**η μητέρα μου** [i mitéra mu]
mi hermano	**ο αδελφός μου** [o aðelʲfós mu]
mi hermana	**η αδελφή μου** [i aðelʲfí mu]
mi hijo	**ο γιός μου** [o ʝiós mu]
mi hija	**η κόρη μου** [i kóri mu]
Este es nuestro hijo.	**Αυτός είναι ο γιός μας.** [aftós íne o ʝiós mas]
Esta es nuestra hija.	**Αυτή είναι η κόρη μας.** [aftí íne i kóri mas]
Estos son mis hijos.	**Αυτά είναι τα παιδιά μου.** [aftá íne ta peðiá mu]
Estos son nuestros hijos.	**Αυτά είναι τα παιδιά μας.** [aftá íne ta peðiá mas]

Despedidas

¡Adiós!	**Αντίο!** [adío!]
¡Chau!	**Γεια σου!** [ja su!]
Hasta mañana.	**Θα σας δω αύριο.** [θa sas ðo ávrio]
Hasta pronto.	**Θα σε δω σύντομα.** [θa se ðo síndoma]
Te veo a las siete.	**Θα σε δω στις επτά.** [θa se ðo stis eptá]
¡Que se diviertan!	**Καλή διασκέδαση!** [kalí ðiaskéðasi!]
Hablamos más tarde.	**Θα τα πούμε αργότερα.** [θa ta púme arɣótera]
Que tengas un buen fin de semana.	**Καλό σαββατοκύριακο.** [kalʲó savatokíriako]
Buenas noches.	**Καλή νύχτα σας.** [kalí níxta sas]
Es hora de irme.	**Είναι ώρα να πηγαίνω.** [íne óra na pijéno]
Tengo que irme.	**Πρέπει να φύγω.** [prépi na fíɣo]
Ahora vuelvo.	**Θα γυρίσω αμέσως.** [θa jiríso amésos]
Es tarde.	**Είναι αργά.** [íne arɣá]
Tengo que levantarme temprano.	**Πρέπει να ξυπνήσω νωρίς.** [prépi na ksipníso norís]
Me voy mañana.	**Φεύγω αύριο.** [févɣo ávrio]
Nos vamos mañana.	**Φεύγουμε αύριο.** [févɣume ávrio]
¡Que tenga un buen viaje!	**Καλό σας ταξίδι!** [kalʲó sas taksíði!]
Ha sido un placer.	**Χάρηκα που σας γνώρισα.** [xárika pu sas ɣnórisa]
Fue un placer hablar con usted.	**Χάρηκα που μιλήσαμε.** [xárika pu milísame]
Gracias por todo.	**Ευχαριστώ για όλα.** [efxaristó ja ólʲa]

Lo he pasado muy bien.	**Πέρασα πολύ καλά.** [pérasa polí kalʲá]
Lo pasamos muy bien.	**Περάσαμε πολύ καλά.** [perásame polí kalʲá]
Fue genial.	**Ήταν πραγματικά υπέροχα.** [ítan praɣmatiká ipéroxa]
Le voy a echar de menos.	**Θα μου λείψετε.** [θa mu lípsete]
Le vamos a echar de menos.	**Θα μας λείψετε.** [θa mas lípsete]
¡Suerte!	**Καλή τύχη!** [kalí tíxi!]
Saludos a ...	**Χαιρετίσματα σε ...** [xeretízmata se ...]

Idioma extranjero

No entiendo.	**Δεν καταλαβαίνω.** [ðen katalʲavéno]
Escríbalo, por favor.	**Μπορείτε σας παρακαλώ να το γράψετε;** [boríte sas parakalʲó na to ɣrápsete?]
¿Habla usted ...?	**Μιλάτε ...;** [milʲáte ...?]
Hablo un poco de ...	**Μιλάω λίγο ...** [milʲáo líɣo ...]
inglés	**αγγλικά** [angliká]
turco	**τουρκικά** [turkiká]
árabe	**αραβικά** [araviká]
francés	**γαλλικά** [ɣaliká]
alemán	**γερμανικά** [ʝermaniká]
italiano	**ιταλικά** [italiká]
español	**ισπανικά** [ispaniká]
portugués	**πορτογαλικά** [portoɣaliká]
chino	**κινέζικα** [kinézika]
japonés	**ιαπωνικά** [japoniká]
¿Puede repetirlo, por favor?	**Μπορείτε παρακαλώ να το επαναλάβετε;** [boríte parakalʲó na to epanalʲávete?]
Lo entiendo.	**Καταλαβαίνω.** [katalʲavéno]
No entiendo.	**Δεν καταλαβαίνω.** [ðen katalʲavéno]
Hable más despacio, por favor.	**Παρακαλώ μιλάτε πιο αργά.** [parakalʲó milʲáte pio arɣá]

¿Está bien?

Είναι σωστό αυτό;
[íne sostó aftó?]

¿Qué es esto? (¿Que significa esto?)

Τι είναι αυτό;
[ti íne aftó?]

Disculpas

Perdone, por favor.	**Με συγχωρείτε, παρακαλώ.** [me sinxoríte, parakalʲó]
Lo siento.	**Λυπάμαι.** [lipáme]
Lo siento mucho.	**Λυπάμαι πολύ.** [lipáme polí]
Perdón, fue culpa mía.	**Με συγχωρείτε, ήταν λάθος μου.** [me sinxoríte, ítan lʲáθos mu]
Culpa mía.	**Είναι λάθος μου.** [íne lʲáθos mu]

¿Puedo ...?	**Θα μπορούσα να ...;** [θa borúsa na ...?]
¿Le molesta si ...?	**Θα σας πείραζε να ...;** [θa sas píraze na ...?]
¡No hay problema! (No pasa nada.)	**Είναι εντάξει.** [íne endáksi]
Todo está bien.	**Εντάξει.** [endáksi]
No se preocupe.	**Μην σας απασχολεί.** [min sas apasxolí]

Acuerdos

Sí.	**Ναι.** [ne]
Sí, claro.	**Ναι, φυσικά.** [ne, fisiká]
Bien.	**Εντάξει! Καλά!** [endáksi! kalʲá!]
Muy bien.	**Πολύ καλά.** [polí kalʲá]
¡Claro que sí!	**Φυσικά!** [fisiká!]
Estoy de acuerdo.	**Συμφωνώ.** [simfonó]

Es verdad.	**Αυτό είναι σωστό.** [aftó íne sostó]
Es correcto.	**Σωστά.** [sostá]
Tiene razón.	**Έχετε δίκιο.** [éxete ðíkio]
No me molesta.	**Δεν με πειράζει.** [ðen me pirázi]
Es completamente cierto.	**Απολύτως σωστό.** [apolítos sostó]

Es posible.	**Είναι πιθανό.** [íne piθanó]
Es una buena idea.	**Είναι μία καλή ιδέα.** [íne mía kalí iðéa]
No puedo decir que no.	**Δεν μπορώ να αρνηθώ.** [ðen boró na arniθó]
Estaré encantado /encantada/.	**Βεβαίως.** [vevéos]
Será un placer.	**Ευχαρίστως.** [efxarístos]

Rechazo. Expresar duda

No.	**Όχι.** [óxi]
Claro que no.	**Βέβαια όχι.** [vévea óxi]
No estoy de acuerdo.	**Δεν συμφωνώ.** [ðen simfonó]
No lo creo.	**Δεν νομίζω** [ðen nomízo]
No es verdad.	**Δεν είναι αλήθεια.** [ðen íne alíθia]
No tiene razón.	**Κάνετε λάθος.** [kánete lʲáθos]
Creo que no tiene razón.	**Νομίζω ότι κάνετε λάθος.** [nomízo óti kánete lʲáθos]
No estoy seguro /segura/.	**Δεν είμαι σίγουρος.** [ðen íme síɣuros]
No es posible.	**Είναι αδύνατο.** [íne aðínato]
¡Nada de eso!	**Τίποτα τέτοιο!** [típota tétio!]
Justo lo contrario.	**Το ακριβώς αντίθετο.** [to akrivós andíθeto]
Estoy en contra de ello.	**Διαφωνώ με αυτό.** [ðiafonó me aftó]
No me importa. (Me da igual.)	**Δεν με νοιάζει.** [ðen me niázi]
No tengo ni idea.	**Δεν έχω ιδέα.** [ðen éxo iðéa]
Dudo que sea así.	**Δεν νομίζω** [ðen nomízo]
Lo siento, no puedo.	**Με συγχωρείτε, δεν μπορώ.** [me sinxoríte, ðen boró]
Lo siento, no quiero.	**Με συγχωρείτε, δεν θέλω να.** [me sinxoríte, ðen θélʲo na]
Gracias, pero no lo necesito.	**Ευχαριστώ, αλλά δεν το χρειάζομαι αυτό.** [efxaristó, alʲá ðen to xriázome aftó]

Ya es tarde.
Είναι αργά.
[íne arɣá]

Tengo que levantarme temprano.
Πρέπει να σηκωθώ νωρίς.
[prépi na sekoθó norís]

Me encuentro mal.
Δεν αισθάνομαι καλά.
[ðen esθánome kalʲá]

Expresar gratitud

Gracias.	**Σας ευχαριστώ.** [sas efxaristó]
Muchas gracias.	**Σας ευχαριστώ πολύ.** [sas efxaristó polí]
De verdad lo aprecio.	**Το εκτιμώ πολύ.** [to ektimó polí]
Se lo agradezco.	**Σας είμαι πραγματικά ευγνώμων.** [sas íme praɣmatiká evɣnómon]
Se lo agradecemos.	**Σας είμαστε πραγματικά ευγνώμονες.** [sas ímaste praɣmatiká evɣnómones]
Gracias por su tiempo.	**Σας ευχαριστώ για τον χρόνο σας.** [sas efxaristó ja ton xróno sas]
Gracias por todo.	**Ευχαριστώ για όλα.** [efxaristó ja óʎa]
Gracias por ...	**Σας ευχαριστώ για ...** [sas efxaristó ja ...]
su ayuda	**την βοήθειά σας** [tin voíθiá sas]
tan agradable momento	**να περάσετε καλά** [na perásete kaʎá]
una comida estupenda	**ένα υπέροχο γεύμα** [éna ipéroxo jévma]
una velada tan agradable	**ένα ευχάριστο βράδυ** [éna efxáristo vráði]
un día maravilloso	**μια υπέροχη μέρα** [mia ipéroxi méra]
un viaje increíble	**ένα καταπληκτικό ταξίδι** [éna katapliktikó taksíði]
No hay de qué.	**Δεν είναι τίποτα** [ðen íne típota]
De nada.	**Παρακαλώ, δεν κάνει τίποτα.** [parakaʎó, ðen káni típota]
Siempre a su disposición.	**Οποτεδήποτε.** [opoteðípote]
Encantado /Encantada/ de ayudarle.	**Είναι ευχαρίστηση μου.** [íne efxarístisi mu]
No hay de qué.	**Ξέχνα το.** [kséxna to]
No tiene importancia.	**Μην σας απασχολεί.** [min sas apasxolí]

Felicitaciones , Mejores Deseos

¡Felicidades!	**Συγχαρητήρια!** [sinxaritíria!]
¡Feliz Cumpleaños!	**Χρόνια πολλά!** [xrónia polʲá!]
¡Feliz Navidad!	**Καλά Χριστούγεννα!** [kalʲá xristúʝena!]
¡Feliz Año Nuevo!	**Καλή Χρονιά!** [kalí xroniá!]
¡Felices Pascuas!	**Καλό Πάσχα!** [kalʲó pásxa!]
¡Feliz Hanukkah!	**Καλό Χάνουκα!** [kalʲó xánuka!]
Quiero brindar.	**Θα ήθελα να κάνω μία πρόποση** [θa íθelʲa na káno mía próposi]
¡Salud!	**Γεια μας!** [ʝa mas!]
¡Brindemos por ...!	**Ας πιούμε στην υγειά του ...!** [as piúme stin iʝiá tu ...!]
¡A nuestro éxito!	**Στην επιτυχία μας!** [stin epitixía mas!]
¡A su éxito!	**Στην επιτυχία σας!** [stin epitixía sas!]
¡Suerte!	**Καλή τύχη!** [kalí tíxi]
¡Que tenga un buen día!	**Να έχετε μια ευχάριστη μέρα!** [na éxete mia efxáristi méra!]
¡Que tenga unas buenas vacaciones!	**Καλές διακοπές!** [kalés ðiakopés!]
¡Que tenga un buen viaje!	**Να έχετε ένα ασφαλές ταξίδι!** [na éxete éna asfalés taksíði!]
¡Espero que se recupere pronto!	**Ελπίζω να αναρρώσετε σύντομα!** [elʲpízo na anarósete síntoma!]

Socializarse

¿Por qué está triste?	**Γιατί είστε λυπημένος;** [jatí íste lipeménos?]
¡Sonría! ¡Animese!	**Χαμογελάστε!** [xamojelʲáste!]
¿Está libre esta noche?	**Έχετε χρόνο απόψε;** [éxete xróno apópse?]
¿Puedo ofrecerle algo de beber?	**Θα μπορούσα να σας προσφέρω ένα ποτό;** [θa borúsa na sas prosféro éna potó?]
¿Querría bailar conmigo?	**Θα θέλατε να χορέψουμε;** [θa θélʲate na xorépsume?]
Vamos a ir al cine.	**Πάμε σινεμά.** [páme sinemá]
¿Puedo invitarle a ...?	**Θα μπορούσα να σας προσκαλέσω σε ...;** [θa borúsa na sas proskaléso se ...?]
un restaurante	**δείπνο** [ðípno]
el cine	**σινεμά** [sinemá]
el teatro	**θέατρο** [θéatro]
dar una vuelta	**για μια βόλτα** [ja mia vólʲta]
¿A qué hora?	**Τι ώρα;** [ti óra?]
esta noche	**απόψε** [apópse]
a las seis	**στις έξι** [stis éksi]
a las siete	**στις επτά** [stis eptá]
a las ocho	**στις οκτώ** [stis októ]
a las nueve	**στις εννέα** [stis enéa]

¿Le gusta este lugar?	**Σας αρέσει εδώ;** [sas arési eðó?]
¿Está aquí con alguien?	**Είστε εδώ με κάποιον;** [íste eðó me kápion?]
Estoy con mi amigo /amiga/.	**Είμαι με τον φίλο μου.** [íme me ton fílʲo mu]
Estoy con amigos.	**Είμαι με τους φίλους μου.** [íme me tus fílʲus mu]
No, estoy solo /sola/.	**Όχι, είμαι μόνος /μόνη/.** [óxi, íme mónos /móni/]

¿Tienes novio?	**Έχεις αγόρι;** [éxis aɣóri?]
Tengo novio.	**Έχω αγόρι.** [éxo aɣóri]
¿Tienes novia?	**Έχεις κορίτσι;** [éxis korítsi?]
Tengo novia.	**Έχω κορίτσι.** [éxo korítsi]

¿Te puedo volver a ver?	**Θέλεις να ξαναβρεθούμε;** [θélis na ksanavreθúme?]
¿Te puedo llamar?	**Μπορώ να σου τηλεφωνήσω;** [boró na su tilefoníso?]
Llámame.	**Πάρε με τηλέφωνο.** [páre me tiléfono]
¿Cuál es tu número?	**Ποιος είναι ο αριθμός σου;** [pios íne o ariθmós su?]
Te echo de menos.	**Μου λείπεις.** [mu lípis]

¡Qué nombre tan bonito!	**Έχετε ωραίο όνομα.** [éxete oréo ónoma]
Te quiero.	**Σ'αγαπώ.** [saɣapó]
¿Te casarías conmigo?	**Θα με παντρευτείς;** [θa me pandreftís?]
¡Está de broma!	**Αστειεύεστε!** [astiéveste!]
Sólo estoy bromeando.	**Απλώς αστειεύομαι.** [aplʲós astiévome]

¿En serio?	**Μιλάτε σοβαρά;** [milʲáte sovará?]
Lo digo en serio.	**Μιλώ σοβαρά.** [milʲó sovará]
¿De verdad?	**Αλήθεια;** [alíθia?]
¡Es increíble!	**Είναι απίστευτο!** [íne apístefto!]

No le creo.	**Δεν σας πιστεύω.** [ðen sas pistévo]
No puedo.	**Δεν μπορώ.** [ðen boró]
No lo sé.	**Δεν ξέρω.** [ðen kséro]
No le entiendo.	**Δεν σας καταλαβαίνω.** [ðen sas katalʲavéno]
Váyase, por favor.	**Παρακαλώ φύγετε.** [parakalʲó fíjete]
¡Déjeme en paz!	**Αφήστε με ήσυχη!** [afíste me ésixi!]

Es inaguantable.	**Δεν τον αντέχω.** [ðen ton adéxo]
¡Es un asqueroso!	**Είστε απαίσιος!** [íste apésios!]
¡Llamaré a la policía!	**Θα καλέσω την αστυνομία!** [θa kaléso tin astinomía!]

Compartir impresiones. Emociones

Me gusta.	**Μου αρέσει.** [mu arési]
Muy lindo.	**Πολύ ωραίο.** [polí oréo]
¡Es genial!	**Είναι θαυμάσιο!** [íne θavmásio!]
No está mal.	**Δεν είναι κακό.** [ðen íne kakó]
No me gusta.	**Δεν μου αρέσει.** [ðen mu arési]
No está bien.	**Δεν είναι καλό.** [ðen íne kalʲó]
Está mal.	**Είναι κακό.** [íne kakó]
Está muy mal.	**Είναι πολύ κακό.** [íne polí kakó]
¡Qué asco!	**Είναι αηδιαστικό.** [íne aiðiastikó]
Estoy feliz.	**Είμαι χαρούμενος /χαρούμενη/.** [íme xarúmenos /xarúmeni/]
Estoy contento /contenta/.	**Είμαι ικανοποιημένος /ικανοποιημένη/.** [íme ikanopiménos /ikanopiméni/]
Estoy enamorado /enamorada/.	**Είμαι ερωτευμένος /ερωτευμένη/.** [íme erotevménos /erotevméni/]
Estoy tranquilo.	**Είμαι ήρεμος /ήρεμη/.** [íme íremos /íremi/]
Estoy aburrido.	**Βαριέμαι.** [variéme]
Estoy cansado /cansada/.	**Είμαι κουρασμένος /κουρασμένη/.** [íme kurazménos /kurazméni/]
Estoy triste.	**Είμαι στενοχωρημένος /στενοχωρημένη/.** [íme stenoxoriménos /stenoxoriméni/]
Estoy asustado.	**Φοβάμαι.** [fováme]
Estoy enfadado /enfadada/.	**Είμαι θυμωμένος /θυμωμένη/.** [íme θimoménos /θimoméni/]

Estoy preocupado /preocupada/.	**Ανησυχώ** [anesixó]
Estoy nervioso /nerviosa/.	**Είμαι νευρικός /νευρική/.** [íme nevrikós /nevrikí/]
Estoy celoso /celosa/.	**Ζηλεύω.** [zilévo]
Estoy sorprendido /sorprendida/.	**Εκπλήσσομαι.** [ekplísome]
Estoy perplejo /perpleja/.	**Νιώθω αμήχανα.** [nióθo amíxana]

Problemas, Accidentes

Tengo un problema.	**Έχω ένα πρόβλημα.** [éxo éna próvlima]
Tenemos un problema.	**Έχουμε ένα πρόβλημα.** [éxume éna próvlima]
Estoy perdido /perdida/.	**Χάθηκα.** [xáθika]
Perdi el último autobús (tren).	**Έχασα το τελευταίο λεωφορείο (τρένο).** [éxasa to teleftéo leoforío (tréno)]
No me queda más dinero.	**Δεν έχω άλλα χρήματα.** [ðen éxo ála xrímata]
He perdido ...	**Έχασα το ... μου** [éxasa to ... mu]
Me han robado ...	**Μου έκλεψαν το ... μου** [mu éklepsan to ... mu]
mi pasaporte	**διαβατήριο** [ðiavatírio]
mi cartera	**πορτοφόλι** [portofóli]
mis papeles	**χαρτιά** [xartiá]
mi billete	**εισιτήριο** [isitírio]
mi dinero	**χρήματα** [xrímata]
mi bolso	**τσάντα** [tsánda]
mi cámara	**κάμερα** [kámera]
mi portátil	**λάπτοπ** [lʲáptop]
mi tableta	**τάμπλετ** [táblet]
mi teléfono	**κινητό** [kinitó]
¡Ayúdeme!	**Βοηθήστε με!** [voiθíste me!]
¿Qué pasó?	**Τι συνέβη;** [ti sinévi?]

el incendio — **φωτιά** [fotiá]

un tiroteo — **πυροβολισμός** [pirovolizmós]

el asesinato — **φόνος** [fónos]

una explosión — **έκρηξη** [ékriksi]

una pelea — **καυγάς** [kavɣás]

¡Llame a la policía! — **Καλέστε την αστυνομία!** [kaléste tin astinomía!]

¡Más rápido, por favor! — **Παρακαλώ βιαστείτε!** [parakalʲó viastíte!]

Busco la comisaría. — **Ψάχνω να βρω ένα αστυνομικό τμήμα.** [psáxno na vro éna astinomikó tmíma]

Tengo que hacer una llamada. — **Πρέπει να τηλεφωνήσω.** [prépi na tilefoníso]

¿Puedo usar su teléfono? — **Θα μπορούσα να χρησιμοποιήσω το τηλέφωνό σας;** [θa borúsa na xresimopiéso to tiléfonó sas?]

Me han ... — **Με ...** [me ...]

asaltado /asaltada/ — **έδειραν** [éðiran]

robado /robada/ — **λήστεψαν** [lístepsan]

violada — **βίασαν** [víasan]

atacado /atacada/ — **επιτέθηκαν** [epitéθikan]

¿Se encuentra bien? — **Είστε καλά;** [íste kalʲá?]

¿Ha visto quien a sido? — **Είδατε ποιος ήταν;** [íðate pios itan?]

¿Sería capaz de reconocer a la persona? — **Μπορείτε να αναγνωρίσετε αυτό το άτομο;** [boríte na anaɣnorísete aftó to átomo?]

¿Está usted seguro? — **Είστε σίγουρος;** [íste síɣuros?]

Por favor, cálmese. — **Παρακαλώ ηρεμήστε.** [parakalʲó iremíste]

¡Cálmese! — **Με την ησυχία σας!** [me tin esixía sas!]

¡No se preocupe!
Μην ανησυχείτε!
[min anisixíte!]

Todo irá bien.
Όλα θα πάνε καλά.
[ól^{j}a θa páne kal^{j}á]

Todo está bien.
Όλα είναι εντάξει.
[ól^{j}a íne edáksi]

Venga aquí, por favor.
Ελάτε εδώ, παρακαλώ.
[el^{j}áte eðó, parakal^{j}ó]

Tengo unas preguntas para usted.
Έχω να σας κάνω μερικές ερωτήσεις.
[éxo na sas káno merikés erotísis]

Espere un momento, por favor.
Περιμένετε ένα λεπτό, παρακαλώ.
[periménete éna leptó, parakal^{j}ó]

¿Tiene un documento de identidad?
Έχετε την ταυτότητα σας μαζί σας;
[éxete tin taftótita sas mazí sas?]

Gracias. Puede irse ahora.
Ευχαριστώ. Μπορείτε να φύγετε.
[efxaristó. boríte na fíjete]

¡Manos detrás de la cabeza!
Τα χέρια πίσω από το κεφάλι σας!
[ta xéria píso apó to kefáli sas!]

¡Está arrestado!
Συλλαμβάνεστε!
[sil^{j}amváneste!]

Problemas de salud

Ayudeme, por favor.	**Παρακαλώ βοηθήστε με.** [parakalʲó voiθíste me]
No me encuentro bien.	**Δεν αισθάνομαι καλά.** [ðen esθánome kalʲá]
Mi marido no se encuentra bien.	**Ο σύζυγός μου δεν αισθάνεται καλά.** [o síziɣós mu ðen esθánete kalʲá]
Mi hijo ...	**Ο γιός μου ...** [o ʝiós mu ...]
Mi padre ...	**Ο πατέρας μου ...** [o patéras mu ...]
Mi mujer no se encuentra bien.	**Η γυναίκα μου δεν αισθάνεται καλά.** [i ʝinéka mu ðen esθánete kalʲá]
Mi hija ...	**Η κόρη μου ...** [i kóri mu ...]
Mi madre ...	**Η μητέρα μου ...** [i mitéra mu ...]
Me duele ...	**Μου πονάει ...** [mu ponái ...]
la cabeza	**το κεφάλι** [to kefáli]
la garganta	**ο λαιμός** [o lemós]
el estómago	**το στομάχι** [to stomáxi]
un diente	**το δόντι** [to ðóndi]
Estoy mareado.	**Ζαλίζομαι.** [zalízome]
Él tiene fiebre.	**Αυτός έχει πυρετό.** [aftós éxi piretó]
Ella tiene fiebre.	**Αυτή έχει πυρετό.** [afté éxi piretó]
No puedo respirar.	**Δεν μπορώ να αναπνεύσω.** [ðen boró na anapnéfso]
Me ahogo.	**Μου κόπηκε η αναπνοή.** [mu kópike i anapnoí]
Tengo asma.	**Έχω άσθμα.** [éxo ásθma]
Tengo diabetes.	**Είμαι διαβητικός.** [íme ðiavetikós]

No puedo dormir.	**Έχω αϋπνία.** [éxo aipnía]
intoxicación alimentaria	**τροφική δηλητηρίαση** [trofikí ðilitiríasi]
Me duele aquí.	**Πονάω εδώ.** [ponáo eðó]
¡Ayúdeme!	**Βοηθήστε με!** [voiθíste me!]
¡Estoy aquí!	**Εδώ είμαι!** [eðó íme!]
¡Estamos aquí!	**Εδώ είμαστε!** [eðó ímaste!]
¡Saquenme de aquí!	**Πάρτε με από δώ!** [párte me apó ðó!]
Necesito un médico.	**Χρειάζομαι ένα γιατρό.** [xriázome éna ʝatró]
No me puedo mover.	**Δεν μπορώ να κουνηθώ.** [ðen boró na kuniθó]
No puedo mover mis piernas.	**Δεν μπορώ να κουνήσω τα πόδια μου.** [ðen boró na kuníso ta póðia mu]
Tengo una herida.	**Είμαι τραυματισμένος /τραυματισμένη/.** [íme travmatizménos /travmatizméni/]
¿Es grave?	**Είναι σοβαρό;** [íne sovaró?]
Mis documentos están en mi bolsillo.	**Τα χαρτιά μου είναι μέσα στην τσέπη μου.** [ta xartiá mu íne mésa stin tsépi mu]
¡Cálmese!	**Ηρεμήστε!** [iremíste!]
¿Puedo usar su teléfono?	**Θα μπορούσα να χρησιμοποιήσω το τηλέφωνο σας;** [θa borúsa na xresimopiéso to tiléfono sas?]
¡Llame a una ambulancia!	**Καλέστε ένα ασθενοφόρο!** [kaléste éna asθenofóro!]
¡Es urgente!	**Είναι επείγον!** [íne epíɣon!]
¡Es una emergencia!	**Είναι επείγον!** [íne epíɣon!]
¡Más rápido, por favor!	**Παρακαλώ βιαστείτε!** [parakalʲó viastíte!]
¿Puede llamar a un médico, por favor?	**Φωνάζετε παρακαλώ έναν γιατρό;** [fonázete parakalʲó énan ʝatró?]

¿Dónde está el hospital?	**Πού είναι το νοσοκομείο;** [pú íne to nosokomío?]
¿Cómo se siente?	**Πως αισθάνεστε;** [pos esθáneste?]
¿Se encuentra bien?	**Είστε καλά;** [íste kalʲá?]
¿Qué pasó?	**Τι έγινε;** [ti éj̥ine?]
Me encuentro mejor.	**Νοιώθω καλύτερα τώρα.** [nióθo kalítera tóra]
Está bien.	**Είναι εντάξει.** [íne endáksi]
Todo está bien.	**Όλα καλά.** [ólʲa kalʲá]

En la farmacia

la farmacia	**φαρμακείο** [farmakío]
la farmacia 24 horas	**εφημερεύον φαρμακείο** [efmerévon farmakío]
¿Dónde está la farmacia más cercana?	**Πού είναι το πιο κοντινό φαρμακείο;** [pú íne to pio kondinó farmakío?]
¿Está abierta ahora?	**Είναι ανοιχτό αυτήν την ώρα;** [íne anixtó aftín tin óra?]
¿A qué hora abre?	**Τι ώρα ανοίγει;** [ti óra aníji?]
¿A qué hora cierra?	**Τι ώρα κλείνει;** [ti óra klíni?]
¿Está lejos?	**Είναι μακριά από εδώ;** [íne makriá apó eðó?]
¿Puedo llegar a pie?	**Μπορώ να πάω εκεί με τα πόδια;** [boró na páo ekí me ta póðia?]
¿Puede mostrarme en el mapa?	**Μπορείτε να μου δείξετε στο χάρτη;** [boríte na mu ðíksete sto xárti?]
Por favor, deme algo para ...	**Παρακαλώ δώστε μου κάτι για ...** [parakalʲó ðóste mu káti ja ...]
un dolor de cabeza	**πονοκέφαλο** [ponokéfalʲo]
la tos	**βήχα** [víxa]
el resfriado	**το κρυολόγημα** [to kriolʲójima]
la gripe	**γρίπη** [grípi]
la fiebre	**πυρετό** [piretó]
un dolor de estomago	**πόνο στο στομάχι** [póno sto stomáxi]
nauseas	**ναυτία** [naftía]
la diarrea	**διάρροια** [ðiária]
el estreñimiento	**δυσκοιλιότητα** [ðiskiliótita]
un dolor de espalda	**πόνο στην πλάτη** [póno stin plʲáti]

un dolor de pecho	**πόνο στο στήθος** [póno sto stíθos]
el flato	**πόνο στα πλευρά** [póno sta plevrá]
un dolor abdominal	**πόνο στην κοιλιά** [póno sten kiliá]

la píldora	**χάπι** [xápi]
la crema	**αλοιφή, κρέμα** [alifí, kréma]
el jarabe	**σιρόπι** [sirópi]
el spray	**σπρέι** [spréj]
las gotas	**σταγόνες** [staɣónes]

Tiene que ir al hospital.	**Πρέπει να πάτε στο νοσοκομείο.** [prépi na páte sto nosokomío]
el seguro de salud	**ιατροφαρμακευτική κάλυψη** [jatrofarmakeftikí kálipsi]
la receta	**συνταγή** [sindají]
el repelente de insectos	**εντομοαπωθητικό** [endomoapoθitikó]
la curita	**τσιρότο** [tsiróto]

Lo más imprescindible

Perdone, ...	**Συγνώμη, ...** [siɣnómi, ...]
Hola.	**Γεια σας.** [ʝa sas]
Gracias.	**Ευχαριστώ.** [efxaristó]
Sí.	**Ναι.** [ne]
No.	**Όχι.** [óxi]
No lo sé.	**Δεν ξέρω.** [ðen kséro]
¿Dónde? | ¿A dónde? | ¿Cuándo?	**Πού; | Προς τα πού; | Πότε;** [pú? | pros ta pú? | póte?]
Necesito ...	**Χρειάζομαι ...** [xriázome ...]
Quiero ...	**Θέλω ...** [θélʲo ...]
¿Tiene ...?	**Έχετε ...;** [éxete ...?]
¿Hay ... por aquí?	**Μήπως υπάρχει ... εδώ;** [mípos ipárxi ... eðó?]
¿Puedo ...?	**Θα μπορούσα να ...;** [θa borúsa na ...?]
..., por favor? (petición educada)	**..., παρακαλώ** [..., parakalʲó]
Busco ...	**Ψάχνω για ...** [psáxno ʝa ...]
el servicio	**τουαλέτα** [tualéta]
un cajero automático	**ATM** [eitiém]
una farmacia	**φαρμακείο** [farmakío]
el hospital	**νοσοκομείο** [nosokomío]
la comisaría	**αστυνομικό τμήμα** [astinomikó tmíma]
el metro	**μετρό** [metró]

un taxi	**ταξί** [taksí]
la estación de tren	**σιδηροδρομικό σταθμό** [siðiroðromikó staθmó]
Me llamo ...	**Ονομάζομαι ...** [onomázome ...]
¿Cómo se llama?	**Πώς ονομάζεστε;** [pós onomázeste?]
¿Puede ayudarme, por favor?	**Μπορείτε παρακαλώ να με βοηθήσετε;** [boríte parakalʲó na me voiθísete?]
Tengo un problema.	**Έχω ένα πρόβλημα.** [éxo éna próvlima]
Me encuentro mal.	**Δεν αισθάνομαι καλά.** [ðen esθánome kalʲá]
¡Llame a una ambulancia!	**Καλέστε ένα ασθενοφόρο!** [kaléste éna asθenofóro!]
¿Puedo llamar, por favor?	**Θα μπορούσα να κάνω ένα τηλέφωνο;** [θa borúsa na káno éna tiléfono?]
Lo siento.	**Συγνώμη.** [siɣnómi]
De nada.	**Παρακαλώ!** [parakalʲó!]
Yo	**Εγώ, εμένα** [eɣó, eména]
tú	**εσύ** [esí]
él	**αυτός** [aftós]
ella	**αυτή** [aftí]
ellos	**αυτοί** [aftí]
ellas	**αυτές** [aftés]
nosotros /nosotras/	**εμείς** [emís]
ustedes, vosotros	**εσείς** [esís]
usted	**εσείς** [esís]
ENTRADA	**ΕΙΣΟΔΟΣ** [ísoðos]
SALIDA	**ΕΞΟΔΟΣ** [éksoðos]

FUERA DE SERVICIO	**ΕΚΤΟΣ ΛΕΙΤΟΥΡΓΙΑΣ** [éktos liturjías]
CERRADO	**ΚΛΕΙΣΤΟ** [klísto]
ABIERTO	**ΑΝΟΙΚΤΟ** [aníkto]
PARA SEÑORAS	**ΓΥΝΑΙΚΩΝ** [jinekón]
PARA CABALLEROS	**ΑΝΔΡΩΝ** [ánðron]

VOCABULARIO TEMÁTICO

Esta sección contiene más
de 3.000 de las palabras más
importantes. El diccionario
le proporcionará una ayuda
inestimable mientras viaja al
extranjero, porque las palabras
individuales son a menudo
suficientes para que
le entiendan.
El diccionario incluye una
transcripción adecuada
de cada palabra extranjera

T&P Books Publishing

CONTENIDO
DEL DICCIONARIO

T&P Books Publishing

T&P BOOKS

CONCEPTOS BÁSICOS

T&P Books Publishing

1. Los pronombres

yo	**εγώ**	[eɣó]
tú	**εσύ**	[esí]
él	**αυτός**	[aftós]
ella	**αυτή**	[aftí]
ello	**αυτό**	[aftó]
nosotros, -as	**εμείς**	[emís]
vosotros, -as	**εσείς**	[esís]

2. Saludos. Salutaciones

¡Hola! (fam.)	**Γεια σου!**	[ʝa su]
¡Hola! (form.)	**Γεια σας!**	[ʝa sas]
¡Buenos días!	**Καλημέρα!**	[kaliméra]
¡Buenas tardes!	**Καλό απόγευμα!**	[kalʲó apóʝevma]
¡Buenas noches!	**Καλησπέρα!**	[kalispéra]
decir hola	**χαιρετώ**	[xeretó]
¡Hola! (a un amigo)	**Γεια!**	[ʝa]
saludo (m)	**χαιρετισμός** (αρ.)	[xeretizmós]
saludar (vt)	**χαιρετώ**	[xeretó]
¿Qué hay de nuevo?	**Τι νέα;**	[ti néa]
¡Hasta pronto!	**Τα λέμε σύντομα!**	[ta léme síndoma]
¡Adiós! (fam.)	**Αντίο!**	[adío]
¡Adiós! (form.)	**Αντίο σας!**	[adío sas]
despedirse (vr)	**αποχαιρετώ**	[apoxeretó]
¡Hasta luego!	**Γεια!**	[ʝa]
¡Gracias!	**Ευχαριστώ!**	[efxaristó]
¡Muchas gracias!	**Ευχαριστώ πολύ!**	[efxaristó polí]
De nada	**Παρακαλώ**	[parakalʲó]
No hay de qué	**Δεν είναι τίποτα**	[ðen íne típota]
De nada	**Τίποτα**	[típota]
¡Disculpa!	**Με συγχωρείς!**	[me sinxorís]
¡Disculpe!	**Με συγχωρείτε!**	[me sinxoríte]
disculpar (vt)	**συγχωρώ**	[sinxoró]
disculparse (vr)	**ζητώ συγνώμη**	[zitó siɣnómi]
Mis disculpas	**Συγνώμη**	[siɣnómi]

¡Perdóneme!	**Με συγχωρείτε!**	[me sinxoríte]
perdonar (vt)	**συγχωρώ**	[sinxoró]
por favor	**παρακαλώ**	[parakalʲó]
¡No se le olvide!	**Μην ξεχάσετε!**	[min ksexásete]
¡Ciertamente!	**Βεβαίως! Φυσικά!**	[vevéos], [fisiká]
¡Claro que no!	**Όχι βέβαια!**	[óxi vévea]
¡De acuerdo!	**Συμφωνώ!**	[simfonó]
¡Basta!	**Αρκετά!**	[arketá]

3. Las preguntas

¿Quién?	**Ποιος;**	[pios]
¿Qué?	**Τι;**	[ti]
¿Dónde?	**Πού;**	[pú]
¿Adónde?	**Πού;**	[pú]
¿De dónde?	**Από πού;**	[apó pú]
¿Cuándo?	**Πότε;**	[póte]
¿Para qué?	**Γιατί;**	[ʝatí]
¿Por qué?	**Γιατί;**	[ʝatí]
¿Por qué razón?	**Γιατί;**	[ʝatí]
¿Cómo?	**Πώς;**	[pos]
¿Qué ...? (~ color)	**Ποιος;**	[pios]
¿Cuál?	**Ποιος;**	[pios]
¿A quién?	**Σε ποιον;**	[se pion]
¿De quién? (~ hablan ...)	**Για ποιον;**	[ʝa pion]
¿De qué?	**Για ποιο;**	[ʝa pio]
¿Con quién?	**Με ποιον;**	[me pion]
¿Cuánto? (innum.)	**Πόσο;**	[póso]
¿Cuánto? (num.)	**Πόσα;**	[pósa]
¿De quién? (~ es este ...)	**Ποιανού;**	[pianú]

4. Las preposiciones

con ... (~ algn)	**με**	[me]
sin ... (~ azúcar)	**χωρίς**	[xorís]
a ... (p.ej. voy a México)	**σε**	[se]
de ... (hablar ~)	**για**	[ʝa]
antes de ...	**πριν**	[prin]
delante de ...	**μπροστά**	[brostá]
debajo	**κάτω από**	[káto apó]
sobre ..., encima de ...	**πάνω από**	[páno apó]
en, sobre (~ la mesa)	**σε**	[se]
de (origen)	**από**	[apó]

de (fabricado de)	από	[apó]
dentro de …	σε …	[se …]
encima de …	πάνω από	[páno apó]

5. Las palabras útiles. Los adverbios. Unidad 1

¿Dónde?	Πού;	[pú]
aquí (adv)	εδώ	[eðó]
allí (adv)	εκεί	[ekí]

| en alguna parte | κάπου | [kápu] |
| en ninguna parte | πουθενά | [puθená] |

| junto a … | δίπλα | [ðíplʲa] |
| junto a la ventana | δίπλα στο παράθυρο | [ðíplʲa sto paráθiro] |

¿A dónde?	Πού;	[pú]
aquí (venga ~)	εδώ	[eðó]
allí (vendré ~)	εκεί	[ekí]
de aquí (adv)	αποδώ	[apoðó]
de allí (adv)	αποκεί	[apokí]

| cerca (no lejos) | κοντά | [kondá] |
| lejos (adv) | μακριά | [makriá] |

cerca de …	κοντά σε	[kondá se]
al lado (de …)	κοντά	[kondá]
no lejos (adv)	κοντά	[kondá]

izquierdo (adj)	αριστερός	[aristerós]
a la izquierda (situado ~)	στα αριστερά	[sta aristerá]
a la izquierda (girar ~)	αριστερά	[aristerá]

derecho (adj)	δεξιός	[ðeksiós]
a la derecha (situado ~)	στα δεξιά	[sta ðeksiá]
a la derecha (girar)	δεξιά	[ðeksiá]

delante (yo voy ~)	μπροστά	[brostá]
delantero (adj)	μπροστινός	[brostinós]
adelante (movimiento)	μπροστά	[brostá]

detrás de …	πίσω	[píso]
desde atrás	από πίσω	[apó píso]
atrás (da un paso ~)	πίσω	[píso]

| centro (m), medio (m) | μέση (θηλ.) | [mési] |
| en medio (adv) | στη μέση | [sti mési] |

| de lado (adv) | από το πλάι | [apó to plʲáj] |
| en todas partes | παντού | [pandú] |

alrededor (adv)	**γύρω**	[ʝíro]
de dentro (adv)	**από μέσα**	[apó mésa]
a alguna parte	**κάπου**	[kápu]
todo derecho (adv)	**κατ'ευθείαν**	[katefθían]
atrás (muévelo para ~)	**πίσω**	[píso]
de alguna parte (adv)	**από οπουδήποτε**	[apó opuðípote]
no se sabe de dónde	**από κάπου**	[apó kápu]
primero (adv)	**πρώτον**	[próton]
segundo (adv)	**δεύτερον**	[ðéfteron]
tercero (adv)	**τρίτον**	[tríton]
de súbito (adv)	**ξαφνικά**	[ksafniká]
al principio (adv)	**στην αρχή**	[stin arxí]
por primera vez	**πρώτη φορά**	[próti forá]
mucho tiempo antes ...	**πολύ πριν από ...**	[polí prin apó]
de nuevo (adv)	**εκ νέου**	[ek néu]
para siempre (adv)	**για πάντα**	[ʝa pánda]
jamás, nunca (adv)	**ποτέ**	[poté]
de nuevo (adv)	**πάλι**	[páli]
ahora (adv)	**τώρα**	[tóra]
frecuentemente (adv)	**συχνά**	[sixná]
entonces (adv)	**τότε**	[tóte]
urgentemente (adv)	**επειγόντως**	[epiɣóndos]
usualmente (adv)	**συνήθως**	[siníθos]
a propósito, ...	**παρεμπιπτόντως, ...**	[parembiptóndos]
es probable	**πιθανόν**	[piθanón]
probablemente (adv)	**πιθανόν**	[piθanón]
tal vez	**ίσως**	[ísos]
además ...	**εξάλλου ...**	[eksálʲu]
por eso ...	**συνεπώς**	[sinepós]
a pesar de ...	**παρόλο που ...**	[parólʲo pu]
gracias a ...	**χάρη σε ...**	[xári se]
qué (pron)	**τι**	[ti]
que (conj)	**ότι**	[óti]
algo (~ le ha pasado)	**κάτι**	[káti]
algo (~ así)	**οτιδήποτε**	[otiðípote]
nada (f)	**τίποτα**	[típota]
quien	**ποιος**	[pios]
alguien (viene ~)	**κάποιος**	[kápios]
alguien (¿ha llamado ~?)	**κάποιος**	[kápios]
nadie	**κανένας**	[kanénas]
a ninguna parte	**πουθενά**	[puθená]
de nadie	**κανενός**	[kanenós]
de alguien	**κάποιου**	[kápiu]
tan, tanto (adv)	**έτσι**	[étsi]

también (~ habla francés)	**επίσης**	[epísis]
también (p.ej. Yo ~)	**επίσης**	[epísis]

6. Las palabras útiles. Los adverbios. Unidad 2

¿Por qué?	**Γιατί;**	[j̯atí]
no se sabe porqué	**για κάποιο λόγο**	[j̯a kápio lʲóɣo]
porque ...	**διότι ...**	[ðióti]
por cualquier razón (adv)	**για κάποιο λόγο**	[j̯a kápio lʲóɣo]
y (p.ej. uno y medio)	**και**	[ke]
o (p.ej. té o café)	**ή**	[i]
pero (p.ej. me gusta, ~)	**μα**	[ma]
para (p.ej. es para ti)	**για**	[j̯a]
demasiado (adv)	**πάρα**	[pára]
sólo, solamente (adv)	**μόνο**	[móno]
exactamente (adv)	**ακριβώς**	[akrivós]
unos ..., cerca de ... (~ 10 kg)	**περίπου**	[perípu]
aproximadamente	**κατά προσέγγιση**	[katá proséngisi]
aproximado (adj)	**προσεγγιστικός**	[prosengistikós]
casi (adv)	**σχεδόν**	[sxeðón]
resto (m)	**υπόλοιπο** (ουδ.)	[ipólipo]
cada (adj)	**κάθε**	[káθe]
cualquier (adj)	**οποιοσδήποτε**	[opiozðípote]
muchos (mucha gente)	**πολλοί**	[polí]
todos	**όλοι**	[óli]
a cambio de ...	**... σε αντάλλαγμα**	[se andálʲaɣma]
en cambio (adv)	**σε αντάλλαγμα**	[se andálʲaɣma]
a mano (hecho ~)	**με το χέρι**	[me to xéri]
poco probable	**δύσκολα**	[ðískolʲa]
probablemente	**πιθανόν**	[piθanón]
a propósito (adv)	**επίτηδες**	[epítiðes]
por accidente (adv)	**κατά λάθος**	[katá lʲáθos]
muy (adv)	**πολύ**	[polí]
por ejemplo (adv)	**για παράδειγμα**	[j̯a paráðiɣma]
entre (~ nosotros)	**μεταξύ**	[metaksí]
entre (~ otras cosas)	**ανάμεσα**	[anámesa]
tanto (~ gente)	**τόσο πολύ**	[tóso polí]
especialmente (adv)	**ιδιαίτερα**	[iðiétera]

NÚMEROS. MISCELÁNEA

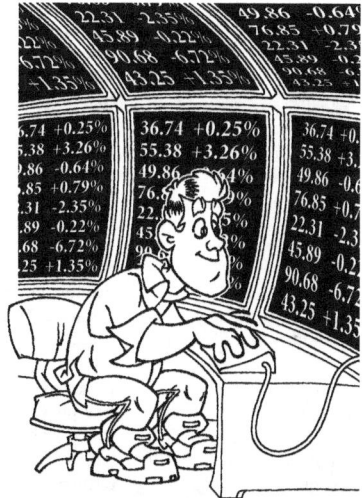

7. Números cardinales. Unidad 1

cero	**μηδέν**	[miðén]
uno	**ένα**	[éna]
dos	**δύο**	[ðío]
tres	**τρία**	[tría]
cuatro	**τέσσερα**	[tésera]
cinco	**πέντε**	[pénde]
seis	**έξι**	[éksi]
siete	**εφτά**	[eftá]
ocho	**οχτώ**	[oxtó]
nueve	**εννέα**	[enéa]
diez	**δέκα**	[ðéka]
once	**ένδεκα**	[énðeka]
doce	**δώδεκα**	[ðóðeka]
trece	**δεκατρία**	[ðekatría]
catorce	**δεκατέσσερα**	[ðekatésera]
quince	**δεκαπέντε**	[ðekapénde]
dieciséis	**δεκαέξι**	[ðekaéksi]
diecisiete	**δεκαεφτά**	[ðekaeftá]
dieciocho	**δεκαοχτώ**	[ðekaoxtó]
diecinueve	**δεκαεννέα**	[ðekaenéa]
veinte	**είκοσι**	[íkosi]
veintiuno	**είκοσι ένα**	[íkosi éna]
veintidós	**είκοσι δύο**	[ikosi ðío]
veintitrés	**είκοσι τρία**	[ikosi tría]
treinta	**τριάντα**	[triánda]
treinta y uno	**τριάντα ένα**	[triánda éna]
treinta y dos	**τριάντα δύο**	[triánda ðío]
treinta y tres	**τριάντα τρία**	[triánda tría]
cuarenta	**σαράντα**	[saránda]
cuarenta y uno	**σαράντα ένα**	[saránda éna]
cuarenta y dos	**σαράντα δύο**	[saránda ðío]
cuarenta y tres	**σαράντα τρία**	[saránda tría]
cincuenta	**πενήντα**	[penínda]
cincuenta y uno	**πενήντα ένα**	[penínda éna]
cincuenta y dos	**πενήντα δύο**	[penínda ðío]
cincuenta y tres	**πενήντα τρία**	[penínda tría]
sesenta	**εξήντα**	[eksínda]

sesenta y uno	**εξήντα ένα**	[eksínda éna]
sesenta y dos	**εξήντα δύο**	[eksínda ðío]
sesenta y tres	**εξήντα τρία**	[eksínda tría]
setenta	**εβδομήντα**	[evðomínda]
setenta y uno	**εβδομήντα ένα**	[evðomínda éna]
setenta y dos	**εβδομήντα δύο**	[evðomínda ðío]
setenta y tres	**εβδομήντα τρία**	[evðomínda tría]
ochenta	**ογδόντα**	[oɣðónda]
ochenta y uno	**ογδόντα ένα**	[oɣðónda éna]
ochenta y dos	**ογδόντα δύο**	[oɣðónda ðío]
ochenta y tres	**ογδόντα τρία**	[oɣðónda tría]
noventa	**ενενήντα**	[enenínda]
noventa y uno	**ενενήντα ένα**	[enenínda éna]
noventa y dos	**ενενήντα δύο**	[enenínda ðío]
noventa y tres	**ενενήντα τρία**	[enenínda tría]

8. Números cardinales. Unidad 2

cien	**εκατό**	[ekató]
doscientos	**διακόσια**	[ðiakósia]
trescientos	**τριακόσια**	[triakósia]
cuatrocientos	**τετρακόσια**	[tetrakósia]
quinientos	**πεντακόσια**	[pendakósia]
seiscientos	**εξακόσια**	[eksakósia]
setecientos	**εφτακόσια**	[eftakósia]
ochocientos	**οχτακόσια**	[oxtakósia]
novecientos	**εννιακόσια**	[eniakósia]
mil	**χίλια**	[xília]
dos mil	**δύο χιλιάδες**	[ðío xiliáðes]
tres mil	**τρεις χιλιάδες**	[tris xiliáðes]
diez mil	**δέκα χιλιάδες**	[ðéka xiliáðes]
cien mil	**εκατό χιλιάδες**	[ekató xiliáðes]
millón (m)	**εκατομμύριο** (ουδ.)	[ekatomírio]
mil millones	**δισεκατομμύριο** (ουδ.)	[ðisekatomírio]

9. Números ordinales

primero (adj)	**πρώτος**	[prótos]
segundo (adj)	**δεύτερος**	[ðéfteros]
tercero (adj)	**τρίτος**	[trítos]
cuarto (adj)	**τέταρτος**	[tétartos]
quinto (adj)	**πέμπτος**	[pémptos]
sexto (adj)	**έκτος**	[éktos]

séptimo (adj)	έβδομος	[évðomos]
octavo (adj)	όγδοος	[óɣðoos]
noveno (adj)	ένατος	[énatos]
décimo (adj)	δέκατος	[ðékatos]

LOS COLORES.
LAS UNIDADES DE MEDIDA

T&P Books Publishing

10. Los colores

color (m)	**χρώμα** (ουδ.)	[xróma]
matiz (m)	**απόχρωση** (θηλ.)	[apóxrosi]
tono (m)	**τόνος** (αρ.)	[tónos]
arco (m) iris	**ουράνιο τόξο** (ουδ.)	[uránio tókso]
blanco (adj)	**λευκός, άσπρος**	[lefkós], [áspros]
negro (adj)	**μαύρος**	[mávros]
gris (adj)	**γκρίζος**	[grízos]
verde (adj)	**πράσινος**	[prásinos]
amarillo (adj)	**κίτρινος**	[kítrinos]
rojo (adj)	**κόκκινος**	[kókinos]
azul (adj)	**μπλε**	[ble]
azul claro (adj)	**γαλανός**	[ɣalʲanós]
rosa (adj)	**ροζ**	[roz]
naranja (adj)	**πορτοκαλί**	[portokalí]
violeta (adj)	**βιολετί**	[violetí]
marrón (adj)	**καφετής**	[kafetís]
dorado (adj)	**χρυσός**	[xrisós]
argentado (adj)	**αργυρόχροος**	[arɣiróxroos]
beige (adj)	**μπεζ**	[bez]
crema (adj)	**κρεμ**	[krem]
turquesa (adj)	**τιρκουάζ, τουρκουάζ**	[tirkuáz], [turkuáz]
rojo cereza (adj)	**βυσσινής**	[visinís]
lila (adj)	**λιλά, λουλακής**	[lilʲá], [lʲulʲakís]
carmesí (adj)	**βαθυκόκκινος**	[vaθikókinos]
claro (adj)	**ανοιχτός**	[anixtós]
oscuro (adj)	**σκούρος**	[skúros]
vivo (adj)	**έντονος**	[édonos]
de color (lápiz ~)	**έγχρωμος**	[énxromos]
en colores (película ~)	**έγχρωμος**	[énxromos]
blanco y negro (adj)	**ασπρόμαυρος**	[asprómavros]
unicolor (adj)	**μονόχρωμος**	[monóxromos]
multicolor (adj)	**πολύχρωμος**	[políxromos]

11. Las unidades de medida

peso (m)	**βάρος** (ουδ.)	[város]
longitud (f)	**μάκρος** (ουδ.)	[mákros]

anchura (f)	**πλάτος** (ουδ.)	[plʲátos]
altura (f)	**ύψος** (ουδ.)	[ípsos]
profundidad (f)	**βάθος** (ουδ.)	[váθos]
volumen (m)	**όγκος** (αρ.)	[óngos]
área (f)	**εμβαδόν** (ουδ.)	[emvaðón]
gramo (m)	**γραμμάριο** (ουδ.)	[ɣramário]
miligramo (m)	**χιλιοστόγραμμο** (ουδ.)	[xiliostóɣramo]
kilogramo (m)	**κιλό** (ουδ.)	[kilʲó]
tonelada (f)	**τόνος** (αρ.)	[tónos]
libra (f)	**λίβρα** (θηλ.)	[lívra]
onza (f)	**ουγγιά** (θηλ.)	[ungiá]
metro (m)	**μέτρο** (ουδ.)	[métro]
milímetro (m)	**χιλιοστό** (ουδ.)	[xiliostó]
centímetro (m)	**εκατοστό** (ουδ.)	[ekatostó]
kilómetro (m)	**χιλιόμετρο** (ουδ.)	[xiliómetro]
milla (f)	**μίλι** (ουδ.)	[míli]
pulgada (f)	**ίντσα** (θηλ.)	[íntsa]
pie (m)	**πόδι** (ουδ.)	[póði]
yarda (f)	**γιάρδα** (θηλ.)	[ʝárða]
metro (m) cuadrado	**τετραγωνικό μέτρο** (ουδ.)	[tetraɣonikó métro]
hectárea (f)	**εκτάριο** (ουδ.)	[ektário]
litro (m)	**λίτρο** (ουδ.)	[lítro]
grado (m)	**βαθμός** (αρ.)	[vaθmós]
voltio (m)	**βολτ** (ουδ.)	[volʲt]
amperio (m)	**αμπέρ** (ουδ.)	[ambér]
caballo (m) de fuerza	**ιπποδύναμη** (θηλ.)	[ipoðínami]
cantidad (f)	**ποσότητα** (θηλ.)	[posótita]
un poco de ...	**λίγος ...**	[líɣos]
mitad (f)	**μισό** (ουδ.)	[misó]
docena (f)	**δωδεκάδα** (θηλ.)	[ðoðekáða]
pieza (f)	**τεμάχιο** (ουδ.)	[temáxio]
dimensión (f)	**μέγεθος** (ουδ.)	[méʝeθos]
escala (f) (del mapa)	**κλίμακα** (θηλ.)	[klímaka]
mínimo (adj)	**ελάχιστος**	[elʲáxistos]
el más pequeño (adj)	**μικρότερος**	[mikróteros]
medio (adj)	**μεσαίος**	[meséos]
máximo (adj)	**μέγιστος**	[méʝistos]
el más grande (adj)	**μεγαλύτερος**	[meɣalíteros]

12. Contenedores

tarro (m) de vidrio	**βάζο** (ουδ.)	[vázo]
lata (f)	**κουτί** (ουδ.)	[kutí]

cubo (m)	**κουβάς** (αρ.)	[kuvás]
barril (m)	**βαρέλι** (ουδ.)	[varéli]
palangana (f)	**λεκάνη** (θηλ.)	[lekáni]
tanque (m)	**δεξαμενή** (θηλ.)	[ðeksamení]
petaca (f) (de alcohol)	**φλασκί** (ουδ.)	[fl^{j}askí]
bidón (m) de gasolina	**κάνιστρο** (ουδ.)	[kánistro]
cisterna (f)	**δεξαμενή** (θηλ.)	[ðeksamení]
taza (f) (mug de cerámica)	**κούπα** (θηλ.)	[kúpa]
taza (f) (~ de café)	**φλιτζάνι** (ουδ.)	[flidzáni]
platillo (m)	**πιατάκι** (ουδ.)	[piatáki]
vaso (m) (~ de agua)	**ποτήρι** (ουδ.)	[potíri]
copa (f) (~ de vino)	**κρασοπότηρο** (ουδ.)	[krasopótiro]
olla (f)	**κατσαρόλα** (θηλ.)	[katsaról^{j}a]
botella (f)	**μπουκάλι** (ουδ.)	[bukáli]
cuello (m) de botella	**λαιμός** (αρ.)	[lemós]
garrafa (f)	**καράφα** (θηλ.)	[karáfa]
jarro (m) (~ de agua)	**κανάτα** (θηλ.)	[kanáta]
recipiente (m)	**δοχείο** (ουδ.)	[ðoxío]
tarro (m)	**πήλινο** (ουδ.)	[pílino]
florero (m)	**βάζο** (ουδ.)	[vázo]
frasco (m) (~ de perfume)	**μπουκαλάκι** (ουδ.)	[bukal^{j}áki]
frasquito (m)	**φιαλίδιο** (ουδ.)	[fialíðio]
tubo (m)	**σωληνάριο** (ουδ.)	[solinário]
saco (m) (~ de azúcar)	**σακί, τσουβάλι** (ουδ.)	[sakí], [tsuváli]
bolsa (f) (~ plástica)	**σακούλα** (θηλ.)	[sakúl^{j}a]
paquete (m) (~ de cigarrillos)	**πακέτο** (ουδ.)	[pakéto]
caja (f)	**κουτί** (ουδ.)	[kutí]
cajón (m) (~ de madera)	**κιβώτιο** (ουδ.)	[kivótio]
cesta (f)	**καλάθι** (ουδ.)	[kal^{j}áθi]

T&P BOOKS

LOS VERBOS MÁS IMPORTANTES

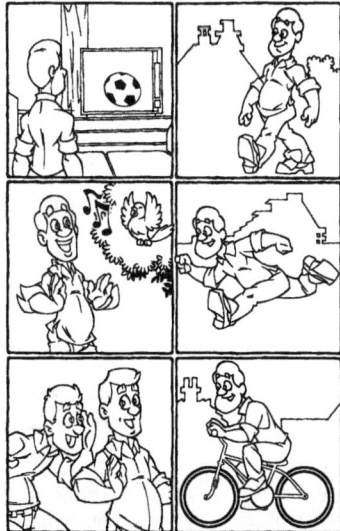

T&P Books Publishing

13. Los verbos más importantes. Unidad 1

abrir (vt)	**ανοίγω**	[aníɣo]
acabar, terminar (vt)	**τελειώνω**	[telióno]
aconsejar (vt)	**συμβουλεύω**	[simvulévo]
adivinar (vt)	**μαντεύω**	[mandévo]
advertir (vt)	**προειδοποιώ**	[proiðopió]
alabarse, jactarse (vr)	**καυχιέμαι**	[kafxiéme]
almorzar (vi)	**τρώω μεσημεριανό**	[tróo mesimerianó]
alquilar (~ una casa)	**νοικιάζω**	[nikiázo]
amenazar (vt)	**απειλώ**	[apilʲó]
arrepentirse (vr)	**λυπάμαι**	[lipáme]
ayudar (vt)	**βοηθώ**	[voiθó]
bañarse (vr)	**κάνω μπάνιο**	[káno bánio]
bromear (vi)	**αστειεύομαι**	[astiévome]
buscar (vt)	**ψάχνω**	[psáxno]
caer (vi)	**πέφτω**	[péfto]
callarse (vr)	**σιωπώ**	[siopó]
cambiar (vt)	**αλλάζω**	[alʲázo]
castigar, punir (vt)	**τιμωρώ**	[timoró]
cavar (vt)	**σκάβω**	[skávo]
cazar (vi, vt)	**κυνηγώ**	[kiniɣó]
cenar (vi)	**τρώω βραδινό**	[tróo vraðinó]
cesar (vt)	**σταματώ**	[stamató]
coger (vt)	**πιάνω**	[piáno]
comenzar (vt)	**αρχίζω**	[arxízo]
comparar (vt)	**συγκρίνω**	[singríno]
comprender (vt)	**καταλαβαίνω**	[katalʲavéno]
confiar (vt)	**εμπιστεύομαι**	[embistévome]
confundir (vt)	**μπερδεύω**	[berðévo]
conocer (~ a alguien)	**γνωρίζω**	[ɣnorízo]
contar (vt) (enumerar)	**υπολογίζω**	[ipolʲoʝízo]
contar con ...	**υπολογίζω σε ...**	[ipolʲoʝízo se]
continuar (vt)	**συνεχίζω**	[sinexízo]
controlar (vt)	**ελέγχω**	[elénxo]
correr (vi)	**τρέχω**	[tréxo]
costar (vt)	**κοστίζω**	[kostízo]
crear (vt)	**δημιουργώ**	[ðimiurɣó]

14. Los verbos más importantes. Unidad 2

dar (vt)	δίνω	[ðíno]
dar una pista	υπαινίσσομαι	[ipenísome]
decir (vt)	λέω	[léo]
decorar (para la fiesta)	στολίζω	[stolízo]
defender (vt)	υπερασπίζω	[iperaspízo]
dejar caer	ρίχνω	[ríxno]
desayunar (vi)	παίρνω πρωινό	[pérno proinó]
descender (vi)	κατεβαίνω	[katevéno]
dirigir (administrar)	διευθύνω	[ðiefθíno]
disculparse (vr)	ζητώ συγνώμη	[zitó siɣnómi]
discutir (vt)	συζητώ	[sizitó]
dudar (vt)	αμφιβάλλω	[amfiválʲo]
encontrar (hallar)	βρίσκω	[vrísko]
engañar (vi, vt)	εξαπατώ	[eksapató]
entrar (vi)	μπαίνω	[béno]
enviar (vt)	στέλνω	[stélʲno]
equivocarse (vr)	κάνω λάθος	[káno lʲáθos]
escoger (vt)	επιλέγω	[epiléɣo]
esconder (vt)	κρύβω	[krívo]
escribir (vt)	γράφω	[ɣráfo]
esperar (aguardar)	περιμένω	[periméno]
esperar (tener esperanza)	ελπίζω	[elʲpízo]
estar de acuerdo	συμφωνώ	[simfonó]
estudiar (vt)	μελετάω	[meletáo]
exigir (vt)	απαιτώ	[apetó]
existir (vi)	υπάρχω	[ipárxo]
explicar (vt)	εξηγώ	[eksiɣó]
faltar (a las clases)	απουσιάζω	[apusiázo]
firmar (~ el contrato)	υπογράφω	[ipoɣráfo]
girar (~ a la izquierda)	στρίβω	[strívo]
gritar (vi)	φωνάζω	[fonázo]
guardar (conservar)	διατηρώ	[ðiatiró]
gustar (vi)	μου αρέσει	[mu arési]
hablar (vi, vt)	μιλάω	[milʲáo]
hacer (vt)	κάνω	[káno]
informar (vt)	πληροφορώ	[pliroforó]
insistir (vi)	επιμένω	[epiméno]
insultar (vt)	προσβάλλω	[prozválʲo]
interesarse (vr)	ενδιαφέρομαι	[enðiaférome]
invitar (vt)	προσκαλώ	[proskalʲó]

ir (a pie)	**πηγαίνω**	[pij̯éno]
jugar (divertirse)	**παίζω**	[pézo]

15. Los verbos más importantes. Unidad 3

leer (vi, vt)	**διαβάζω**	[ðiavázo]
liberar (ciudad, etc.)	**απελευθερώνω**	[apelefθeróno]
llamar (por ayuda)	**καλώ**	[kalʲó]
llegar (vi)	**έρχομαι**	[érxome]
llorar (vi)	**κλαίω**	[kléo]
matar (vt)	**σκοτώνω**	[skotóno]
mencionar (vt)	**αναφέρω**	[anaféro]
mostrar (vt)	**δείχνω**	[ðíxno]
nadar (vi)	**κολυμπώ**	[kolibó]
negarse (vr)	**αρνούμαι**	[arnúme]
objetar (vt)	**αντιλέγω**	[andiléɣo]
observar (vt)	**παρατηρώ**	[paratiró]
oír (vt)	**ακούω**	[akúo]
olvidar (vt)	**ξεχνάω**	[ksexnáo]
orar (vi)	**προσεύχομαι**	[proséfxome]
ordenar (mil.)	**διατάζω**	[ðiatázo]
pagar (vi, vt)	**πληρώνω**	[pliróno]
pararse (vr)	**σταματάω**	[stamatáo]
participar (vi)	**συμμετέχω**	[simetéxo]
pedir (ayuda, etc.)	**ζητώ**	[zitó]
pedir (en restaurante)	**παραγγέλνω**	[parangélʲno]
pensar (vi, vt)	**σκέφτομαι**	[skéftome]
percibir (ver)	**παρατηρώ**	[paratiró]
perdonar (vt)	**συγχωρώ**	[sinxoró]
permitir (vt)	**επιτρέπω**	[epitrépo]
pertenecer a ...	**ανήκω σε ...**	[aníko se]
planear (vt)	**σχεδιάζω**	[sxeðiázo]
poder (v aux)	**μπορώ**	[boró]
poseer (vt)	**κατέχω**	[katéxo]
preferir (vt)	**προτιμώ**	[protimó]
preguntar (vt)	**ρωτάω**	[rotáo]
preparar (la cena)	**μαγειρεύω**	[maj̯irévo]
prever (vt)	**προβλέπω**	[provlépo]
probar, tentar (vt)	**προσπαθώ**	[prospaθó]
prometer (vt)	**υπόσχομαι**	[ipósxome]
pronunciar (vt)	**προφέρω**	[proféro]
proponer (vt)	**προτείνω**	[protíno]
quebrar (vt)	**σπάω**	[spáo]

quejarse (vr)	**παραπονιέμαι**	[paraponiéme]
querer (amar)	**αγαπάω**	[aɣapáo]
querer (desear)	**θέλω**	[θélʲo]

16. Los verbos más importantes. Unidad 4

recomendar (vt)	**προτείνω**	[protíno]
regañar, reprender (vt)	**μαλώνω**	[malʲóno]
reírse (vr)	**γελάω**	[ʝelʲáo]
repetir (vt)	**επαναλαμβάνω**	[epanalʲamváno]
reservar (~ una mesa)	**κλείνω**	[klíno]
responder (vi, vt)	**απαντώ**	[apandó]
robar (vt)	**κλέβω**	[klévo]
saber (~ algo mas)	**ξέρω**	[kséro]
salir (vi)	**βγαίνω**	[vʝéno]
salvar (vt)	**σώζω**	[sózo]
seguir ...	**ακολουθώ**	[akolʲuθó]
sentarse (vr)	**κάθομαι**	[káθome]
ser necesario	**χρειάζομαι**	[xriázome]
ser, estar (vi)	**είμαι**	[íme]
significar (vt)	**σημαίνω**	[siméno]
sonreír (vi)	**χαμογελάω**	[xamoʝelʲáo]
sorprenderse (vr)	**εκπλήσσομαι**	[ekplísome]
subestimar (vt)	**υποτιμώ**	[ipotimó]
tener (vt)	**έχω**	[éxo]
tener hambre	**πεινάω**	[pináo]
tener miedo	**φοβάμαι**	[fováme]
tener prisa	**βιάζομαι**	[viázome]
tener sed	**διψάω**	[ðipsáo]
tirar, disparar (vi)	**πυροβολώ**	[pirovolʲó]
tocar (con las manos)	**αγγίζω**	[angízo]
tomar (vt)	**παίρνω**	[pérno]
tomar nota	**σημειώνω**	[simióno]
trabajar (vi)	**δουλεύω**	[ðulévo]
traducir (vt)	**μεταφράζω**	[metafrázo]
unir (vt)	**ενώνω**	[enóno]
vender (vt)	**πουλώ**	[pulʲó]
ver (vt)	**βλέπω**	[vlépo]
volar (pájaro, avión)	**πετάω**	[petáo]

T&P BOOKS

LA HORA. EL CALENDARIO

T&P Books Publishing

17. Los días de la semana

lunes (m)	**Δευτέρα** (θηλ.)	[ðeftéra]
martes (m)	**Τρίτη** (θηλ.)	[tríti]
miércoles (m)	**Τετάρτη** (θηλ.)	[tetárti]
jueves (m)	**Πέμπτη** (θηλ.)	[pémpti]
viernes (m)	**Παρασκευή** (θηλ.)	[paraskeví]
sábado (m)	**Σάββατο** (ουδ.)	[sávato]
domingo (m)	**Κυριακή** (θηλ.)	[kiriakí]
hoy (adv)	**σήμερα**	[símera]
mañana (adv)	**αύριο**	[ávrio]
pasado mañana	**μεθαύριο**	[meθávrio]
ayer (adv)	**χθες, χτες**	[xθes], [xtes]
anteayer (adv)	**προχτές**	[proxtés]
día (m)	**μέρα, ημέρα** (θηλ.)	[méra], [iméra]
día (m) de trabajo	**εργάσιμη μέρα** (θηλ.)	[erɣásimi méra]
día (m) de fiesta	**αργία** (θηλ.)	[arʝía]
día (m) de descanso	**ρεπό** (ουδ.)	[repó]
fin (m) de semana	**σαββατοκύριακο** (ουδ.)	[savatokíriako]
todo el día	**όλη μέρα**	[óli méra]
al día siguiente	**την επόμενη μέρα**	[tinepómeni méra]
dos días atrás	**δύο μέρες πριν**	[ðío méres prin]
en vísperas (adv)	**την παραμονή**	[tin paramoní]
diario (adj)	**καθημερινός**	[kaθimerinós]
cada día (adv)	**καθημερινά**	[kaθiminá]
semana (f)	**εβδομάδα** (θηλ.)	[evðomáða]
semana (f) pasada	**την προηγούμενη εβδομάδα**	[tin proiɣúmeni evðomáda]
semana (f) que viene	**την επόμενη εβδομάδα**	[tin epómeni evðomáda]
semanal (adj)	**εβδομαδιαίος**	[evðomaðiéos]
cada semana (adv)	**εβδομαδιαία**	[evðomaðiéa]
2 veces por semana	**δύο φορές την εβδομάδα**	[dío forés tinevðomáda]
todos los martes	**κάθε Τρίτη**	[káθe tríti]

18. Las horas. El día y la noche

mañana (f)	**πρωί** (ουδ.)	[proí]
por la mañana	**το πρωί**	[to proí]
mediodía (m)	**μεσημέρι**	[mesiméri]
por la tarde	**το απόγευμα**	[to apóʝevma]

noche (f)	**βράδυ** (ουδ.)	[vráði]
por la noche	**το βράδυ**	[to vráði]
noche (f) (p.ej. 2:00 a.m.)	**νύχτα** (θηλ.)	[níxta]
por la noche	**τη νύχτα**	[ti níxta]
medianoche (f)	**μεσάνυχτα** (ουδ.πλ.)	[mesánixta]
segundo (m)	**δευτερόλεπτο** (ουδ.)	[ðefterólepto]
minuto (m)	**λεπτό** (ουδ.)	[leptó]
hora (f)	**ώρα** (θηλ.)	[óra]
media hora (f)	**μισή ώρα** (θηλ.)	[misí óra]
cuarto (m) de hora	**τέταρτο** (ουδ.)	[tétarto]
quince minutos	**δεκαπέντε λεπτά**	[ðekapénde leptá]
veinticuatro horas	**εικοσιτετράωρο** (ουδ.)	[ikositetráoro]
salida (f) del sol	**ανατολή** (θηλ.)	[anatolí]
amanecer (m)	**ξημέρωμα** (ουδ.)	[ksiméroma]
madrugada (f)	**νωρίς το πρωί** (ουδ.)	[norís to proí]
puesta (f) del sol	**ηλιοβασίλεμα** (ουδ.)	[iliovasílema]
de madrugada	**νωρίς το πρωί**	[norís to proí]
esta mañana	**σήμερα το πρωί**	[símera to proí]
mañana por la mañana	**αύριο το πρωί**	[ávrio to proí]
esta tarde	**σήμερα το απόγευμα**	[símera to apójevma]
por la tarde	**το απόγευμα**	[to apójevma]
mañana por la tarde	**αύριο το απόγευμα**	[ávrio to apójevma]
esta noche (p.ej. 8:00 p.m.)	**απόψε**	[apópse]
mañana por la noche	**αύριο το βράδυ**	[ávrio to vráði]
a las tres en punto	**στις τρεις ακριβώς**	[stis tris akrivós]
a eso de las cuatro	**στις τέσσερις περίπου**	[stis téseris perípu]
para las doce	**μέχρι τις δώδεκα**	[méxri tis ðóðeka]
dentro de veinte minutos	**σε είκοσι λεπτά**	[se íkosi leptá]
dentro de una hora	**σε μια ώρα**	[se mia óra]
a tiempo (adv)	**έγκαιρα**	[éngera]
... menos cuarto	**παρά τέταρτο**	[pará tétarto]
durante una hora	**μέσα σε μια ώρα**	[mésa se mia óra]
cada quince minutos	**κάθε δεκαπέντε λεπτά**	[káθe ðekapénde leptá]
día y noche	**όλο το εικοσιτετράωρο**	[ólo to ikositetráoro]

19. Los meses. Las estaciones

enero (m)	**Ιανουάριος** (αρ.)	[januários]
febrero (m)	**Φεβρουάριος** (αρ.)	[fevruários]
marzo (m)	**Μάρτιος** (αρ.)	[mártios]

abril (m)	**Απρίλιος** (αρ.)	[aprílios]
mayo (m)	**Μάιος** (αρ.)	[májos]
junio (m)	**Ιούνιος** (αρ.)	[iúnios]

julio (m)	**Ιούλιος** (αρ.)	[iúlios]
agosto (m)	**Αύγουστος** (αρ.)	[ávɣustos]
septiembre (m)	**Σεπτέμβριος** (αρ.)	[septémvrios]
octubre (m)	**Οκτώβριος** (αρ.)	[októvrios]
noviembre (m)	**Νοέμβριος** (αρ.)	[noémvrios]
diciembre (m)	**Δεκέμβριος** (αρ.)	[ðekémvrios]

primavera (f)	**άνοιξη** (θηλ.)	[ániksi]
en primavera	**την άνοιξη**	[tinániksi]
de primavera (adj)	**ανοιξιάτικος**	[aniksiátikos]

verano (m)	**καλοκαίρι** (ουδ.)	[kalʲokéri]
en verano	**το καλοκαίρι**	[to kalʲokéri]
de verano (adj)	**καλοκαιρινός**	[kalʲokerinós]

otoño (m)	**φθινόπωρο** (ουδ.)	[fθinóporo]
en otoño	**το φθινόπωρο**	[to fθinóporo]
de otoño (adj)	**φθινοπωρινός**	[fθinoporinós]

invierno (m)	**χειμώνας** (αρ.)	[ximónas]
en invierno	**το χειμώνα**	[to ximóna]
de invierno (adj)	**χειμωνιάτικος**	[ximoniátikos]

mes (m)	**μήνας** (αρ.)	[mínas]
este mes	**αυτόν το μήνα**	[aftón to mína]
al mes siguiente	**τον επόμενο μήνα**	[ton epómeno mína]
el mes pasado	**τον προηγούμενο μήνα**	[ton proiɣúmeno mína]

hace un mes	**ένα μήνα πριν**	[éna mína prin]
dentro de un mes	**σε ένα μήνα**	[se éna mína]
dentro de dos meses	**σε δύο μήνες**	[se ðío mínes]
todo el mes	**ολόκληρος μήνας**	[olʲókliros mínas]
todo un mes	**ολόκληρος ο μήνας**	[olʲókliros o mínas]

mensual (adj)	**μηνιαίος**	[miniéos]
mensualmente (adv)	**μηνιαία**	[miniéa]
cada mes	**κάθε μήνα**	[káθe mína]
dos veces por mes	**δύο φορές το μήνα**	[ðío forés tomína]

año (m)	**χρόνος** (αρ.)	[xrónos]
este año	**φέτος**	[fétos]
el próximo año	**του χρόνου**	[tu xrónu]
el año pasado	**πέρσι**	[pérsi]

hace un año	**ένα χρόνο πριν**	[éna xróno prin]
dentro de un año	**σε ένα χρόνο**	[se éna xróno]
dentro de dos años	**σε δύο χρόνια**	[se ðío xrónia]
todo el año	**ολόκληρος χρόνος**	[olʲókliros oxrónos]

todo un año	**ολόκληρος ο χρόνος**	[olʲókliros o xrónos]
cada año	**κάθε χρόνο**	[káθe xróno]
anual (adj)	**ετήσιος**	[etísios]
anualmente (adv)	**ετήσια**	[etísia]
cuatro veces por año	**τέσσερις φορές το χρόνο**	[teseris forés toxróno]
fecha (f) (la ~ de hoy es ...)	**ημερομηνία** (θηλ.)	[imerominía]
fecha (f) (~ de entrega)	**ημερομηνία** (θηλ.)	[imerominía]
calendario (m)	**ημερολόγιο** (ουδ.)	[imerolʲóʝo]
medio año (m)	**μισός χρόνος**	[misós xrónos]
seis meses	**εξάμηνο** (ουδ.)	[eksámino]
estación (f)	**εποχή** (θηλ.)	[epoxí]
siglo (m)	**αιώνας** (αρ.)	[eónas]

EL VIAJE. EL HOTEL

T&P Books Publishing

20. Las vacaciones. El viaje

turismo (m)	**τουρισμός** (αρ.)	[turizmós]
turista (m)	**τουρίστας** (αρ.)	[turístas]
viaje (m)	**ταξίδι** (ουδ.)	[taksíði]
aventura (f)	**περιπέτεια** (θηλ.)	[peripétia]
viaje (m) (p.ej. ~ en coche)	**ταξίδι** (ουδ.)	[taksíði]
vacaciones (f pl)	**διακοπές** (θηλ.πλ.)	[ðiakopés]
estar de vacaciones	**είμαι σε διακοπές**	[íme se ðiakopés]
descanso (m)	**διακοπές** (πλ.)	[ðiakopés]
tren (m)	**τραίνο, τρένο** (ουδ.)	[tréno]
en tren	**με τρένο**	[me tréno]
avión (m)	**αεροπλάνο** (ουδ.)	[aeropl^jáno]
en avión	**με αεροπλάνο**	[me aeropl^jáno]
en coche	**με αυτοκίνητο**	[me aftokínito]
en barco	**με καράβι**	[me karávi]
equipaje (m)	**αποσκευές** (θηλ.πλ.)	[aposkevés]
maleta (f)	**βαλίτσα** (θηλ.)	[valítsa]
carrito (m) de equipaje	**καρότσι αποσκευών** (ουδ.)	[karótsi aposkevón]
pasaporte (m)	**διαβατήριο** (ουδ.)	[ðiavatírio]
visado (m)	**βίζα** (θηλ.)	[víza]
billete (m)	**εισιτήριο** (ουδ.)	[isitírio]
billete (m) de avión	**αεροπορικό εισιτήριο** (ουδ.)	[aeroporikó isitírio]
guía (f) (libro)	**ταξιδιωτικός οδηγός** (αρ.)	[taksiðiotikós oðiɣós]
mapa (m)	**χάρτης** (αρ.)	[xártis]
área (f) (~ rural)	**περιοχή** (θηλ.)	[perioxí]
lugar (m)	**τόπος** (αρ.)	[tópos]
exotismo (m)	**εξωτικά πράγματα** (ουδ.πλ.)	[eksotiká práɣmata]
exótico (adj)	**εξωτικός**	[eksotikós]
asombroso (adj)	**καταπληκτικός**	[katapliktikós]
grupo (m)	**ομάδα** (θηλ.)	[omáða]
excursión (f)	**εκδρομή** (θηλ.)	[ekðromí]
guía (m) (persona)	**ξεναγός** (αρ.)	[ksenaɣós]

21. El hotel

hotel (m)	**ξενοδοχείο** (ουδ.)	[ksenoðoxío]
motel (m)	**μοτέλ** (ουδ.)	[motél^j]

de tres estrellas	**τριών αστέρων**	[trión astéron]
de cinco estrellas	**πέντε αστέρων**	[pénde astéron]
hospedarse (vr)	**μένω**	[méno]
habitación (f)	**δωμάτιο** (ουδ.)	[ðomátio]
habitación (f) individual	**μονόκλινο δωμάτιο** (ουδ.)	[monóklino ðomátio]
habitación (f) doble	**δίκλινο δωμάτιο** (ουδ.)	[ðíklino ðomátio]
reservar una habitación	**κλείνω δωμάτιο**	[klíno ðomátio]
media pensión (f)	**ημιδιατροφή** (θηλ.)	[imiðiatrofí]
pensión (f) completa	**πλήρης διατροφή** (θηλ.)	[plíris ðiatrofí]
con baño	**με μπανιέρα**	[me baniéra]
con ducha	**με ντους**	[me dúz]
televisión (f) satélite	**δορυφορική τηλεόραση** (θηλ.)	[ðoriforikí tileórasi]
climatizador (m)	**κλιματιστικό** (ουδ.)	[klimatistikó]
toalla (f)	**πετσέτα** (θηλ.)	[petséta]
llave (f)	**κλειδί** (ουδ.)	[kliðí]
administrador (m)	**υπεύθυνος** (αρ.)	[ipéfθinos]
camarera (f)	**καμαριέρα** (θηλ.)	[kamariéra]
maletero (m)	**αχθοφόρος** (αρ.)	[axθofóros]
portero (m)	**πορτιέρης** (αρ.)	[portiéris]
restaurante (m)	**εστιατόριο** (ουδ.)	[estiatório]
bar (m)	**μπαρ** (ουδ.), **μπυραρία** (θηλ.)	[bar], [biraría]
desayuno (m)	**πρωινό** (ουδ.)	[proinó]
cena (f)	**δείπνο** (ουδ.)	[ðípno]
buffet (m) libre	**μπουφές** (αρ.)	[bufés]
vestíbulo (m)	**φουαγιέ** (ουδ.)	[fuajé]
ascensor (m)	**ασανσέρ** (ουδ.)	[asansér]
NO MOLESTAR	**ΜΗΝ ΕΝΟΧΛΕΙΤΕ!**	[min enoxlíte]
PROHIBIDO FUMAR	**ΑΠΑΓΟΡΕΥΕΤΑΙ ΤΟ ΚΑΠΝΙΣΜΑ**	[apaɣorévete to kápnizma]

22. El turismo. La excursión

monumento (m)	**μνημείο** (ουδ.)	[mnimío]
fortaleza (f)	**φρούριο** (ουδ.)	[frúrio]
palacio (m)	**παλάτι** (ουδ.)	[palʲáti]
castillo (m)	**κάστρο** (ουδ.)	[kástro]
torre (f)	**πύργος** (αρ.)	[píɣos]
mausoleo (m)	**μαυσωλείο** (ουδ.)	[mafsolío]
arquitectura (f)	**αρχιτεκτονική** (θηλ.)	[arxitektonikí]
medieval (adj)	**μεσαιωνικός**	[meseonikós]

antiguo (adj)	**αρχαίος**	[arxéos]
nacional (adj)	**εθνικός**	[eθnikós]
conocido (adj)	**διάσημος**	[ðiásimos]
turista (m)	**τουρίστας** (αρ.)	[turístas]
guía (m) (persona)	**ξεναγός** (αρ.)	[ksenaɣós]
excursión (f)	**εκδρομή** (θηλ.)	[ekðromí]
mostrar (vt)	**δείχνω**	[ðíxno]
contar (una historia)	**διηγούμαι**	[ðiiɣúme]
encontrar (hallar)	**βρίσκω**	[vrísko]
perderse (vr)	**χάνομαι**	[xánome]
plano (m) (~ de metro)	**χάρτης** (αρ.)	[xártis]
mapa (m) (~ de la ciudad)	**χάρτης** (αρ.)	[xártis]
recuerdo (m)	**ενθύμιο** (ουδ.)	[enθímio]
tienda (f) de regalos	**κατάστημα με είδη δώρων** (ουδ.)	[katástima me ídi ðóron]
hacer fotos	**φωτογραφίζω**	[fotoɣrafízo]
fotografiarse (vr)	**βγαίνω φωτογραφία**	[vʝéno fotoɣrafía]

EL TRANSPORTE

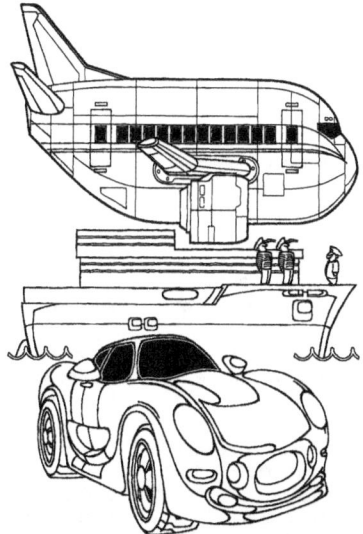

T&P Books Publishing

23. El aeropuerto

aeropuerto (m)	**αεροδρόμιο** (ουδ.)	[aeroðrómio]
avión (m)	**αεροπλάνο** (ουδ.)	[aeropl'áno]
compañía (f) aérea	**αεροπορική εταιρεία** (θηλ.)	[aeroporikí etería]
controlador (m) aéreo	**ελεγκτής εναέριας κυκλοφορίας** (αρ.)	[elengtís enaérias kikl'oforías]
despegue (m)	**αναχώρηση** (θηλ.)	[anaxórisi]
llegada (f)	**άφιξη** (θηλ.)	[áfiksi]
llegar (en avión)	**φτάνω**	[ftáno]
hora (f) de salida	**ώρα αναχώρησης** (θηλ.)	[ora anaxórisis]
hora (f) de llegada	**ώρα άφιξης** (θηλ.)	[óra áfiksis]
retrasarse (vr)	**καθυστερώ**	[kaθisteró]
retraso (m) de vuelo	**καθυστέρηση πτήσης** (θηλ.)	[kaθistérisi ptísis]
pantalla (f) de información	**πίνακας πληροφοριών** (αρ.)	[pínakas pliroforión]
información (f)	**πληροφορίες** (θηλ.πλ.)	[pliroforíes]
anunciar (vt)	**ανακοινώνω**	[anakinóno]
vuelo (m)	**πτήση** (θηλ.)	[ptísi]
aduana (f)	**τελωνείο** (ουδ.)	[tel'onío]
aduanero (m)	**τελωνειακός** (αρ.)	[tel'oniakós]
declaración (f) de aduana	**τελωνειακή διασάφηση** (θηλ.)	[tel'oniakí ðiasáfisi]
rellenar la declaración	**συμπληρώνω τη δήλωση**	[simbliróno ti ðíl'osi]
control (m) de pasaportes	**έλεγχος διαβατηρίων** (αρ.)	[élenxos ðiavatiríon]
equipaje (m)	**αποσκευές** (θηλ.πλ.)	[aposkevés]
equipaje (m) de mano	**χειραποσκευή** (θηλ.)	[xiraposkeví]
carrito (m) de equipaje	**καρότσι αποσκευών** (ουδ.)	[karótsi aposkevón]
aterrizaje (m)	**προσγείωση** (θηλ.)	[prozʝíosi]
pista (f) de aterrizaje	**διάδρομος προσγείωσης** (αρ.)	[ðiáðromos prozʝíosis]
aterrizar (vi)	**προσγειώνομαι**	[prozʝiónome]
escaleras (f pl) (de avión)	**σκάλα αεροσκάφους** (θηλ.)	[skál'a aeroskáfus]
facturación (f) (check-in)	**check-in** (ουδ.)	[ʧek-in]
mostrador (m) de facturación	**πάγκος ελέγχου εισητηρίων** (αρ.)	[pángos elénxu isitiríon]

hacer el check-in	**κάνω check-in**	[káno ʧek-in]
tarjeta (f) de embarque	**κάρτα επιβίβασης** (θηλ.)	[kárta epivívasis]
puerta (f) de embarque	**πύλη αναχώρησης** (θηλ.)	[píli anaxórisis]
tránsito (m)	**διέλευση** (θηλ.)	[ðiélefsi]
esperar (aguardar)	**περιμένω**	[periméno]
zona (f) de preembarque	**αίθουσα αναχώρησης** (θηλ.)	[éθusa anaxórisis]
despedir (vt)	**συνοδεύω**	[sinoðévo]
despedirse (vr)	**αποχαιρετώ**	[apoxeretó]

24. El avión

avión (m)	**αεροπλάνο** (ουδ.)	[aeroplʲáno]
billete (m) de avión	**αεροπορικό εισιτήριο** (ουδ.)	[aeroporikó isitírio]
compañía (f) aérea	**αεροπορική εταιρεία** (θηλ.)	[aeroporikí etería]
aeropuerto (m)	**αεροδρόμιο** (ουδ.)	[aeroðrómio]
supersónico (adj)	**υπερηχητικός**	[iperixitikós]
comandante (m)	**κυβερνήτης** (αρ.)	[kivernítis]
tripulación (f)	**πλήρωμα** (ουδ.)	[plíroma]
piloto (m)	**πιλότος** (αρ.)	[pilʲótos]
azafata (f)	**αεροσυνοδός** (θηλ.)	[aerosinoðós]
navegador (m)	**πλοηγός** (αρ.)	[plʲoiɣós]
alas (f pl)	**φτερά** (ουδ.πλ.)	[fterá]
cola (f)	**ουρά** (θηλ.)	[urá]
cabina (f)	**πιλοτήριο** (ουδ.)	[pilʲotírio]
motor (m)	**κινητήρας** (αρ.)	[kinitíras]
tren (m) de aterrizaje	**σύστημα προσγείωσης** (ουδ.)	[sístima prosʝíosis]
turbina (f)	**στρόβιλος** (αρ.)	[stróvilʲos]
hélice (f)	**έλικας** (αρ.)	[élikas]
caja (f) negra	**μαύρο κουτί** (ουδ.)	[mávro kutí]
timón (m)	**πηδάλιο** (ουδ.)	[piðálio]
combustible (m)	**καύσιμο** (ουδ.)	[káfsimo]
instructivo (m) de seguridad	**οδηγίες ασφαλείας** (θηλ.πλ.)	[oðiʝíes asfalías]
respirador (m) de oxígeno	**μάσκα οξυγόνου** (θηλ.)	[máska oksiɣónu]
uniforme (m)	**στολή** (θηλ.)	[stolí]
chaleco (m) salvavidas	**σωσίβιο γιλέκο** (ουδ.)	[sosívio ʝiléko]
paracaídas (m)	**αλεξίπτωτο** (ουδ.)	[aleksíptoto]
despegue (m)	**απογείωση** (θηλ.)	[apoʝíosi]
despegar (vi)	**απογειώνομαι**	[apoʝiónome]
pista (f) de despegue	**διάδρομος απογείωσης** (αρ.)	[ðiáðromos apoʝíosis]

visibilidad (f)	**ορατότητα** (θηλ.)	[oratótita]
vuelo (m)	**πέταγμα** (ουδ.)	[pétaɣma]
altura (f)	**ύψος** (ουδ.)	[ípsos]
pozo (m) de aire	**κενό αέρος** (ουδ.)	[kenó aéros]
asiento (m)	**θέση** (θηλ.)	[θési]
auriculares (m pl)	**ακουστικά** (ουδ.πλ.)	[akustiká]
mesita (f) plegable	**πτυσσόμενο τραπεζάκι** (ουδ.)	[ptisómeno trapezáki]
ventana (f)	**παράθυρο** (ουδ.)	[paráθiro]
pasillo (m)	**διάδρομος** (αρ.)	[ðiáðromos]

25. El tren

tren (m)	**τραίνο, τρένο** (ουδ.)	[tréno]
tren (m) de cercanías	**περιφερειακό τρένο** (ουδ.)	[periferiakó tréno]
tren (m) rápido	**τρένο εξπρές** (ουδ.)	[tréno ekspres]
locomotora (f) diésel	**αμαξοστοιχία ντίζελ** (θηλ.)	[amaksostixía dízelʲ]
tren (m) de vapor	**ατμάμαξα** (θηλ.)	[atmámaksa]
coche (m)	**βαγόνι** (ουδ.)	[vaɣóni]
coche (m) restaurante	**εστιατόριο** (ουδ.)	[estiatório]
rieles (m pl)	**ράγες** (θηλ.πλ.)	[rájes]
ferrocarril (m)	**σιδηρόδρομος** (αρ.)	[siðiróðromos]
traviesa (f)	**στρωτήρας** (αρ.)	[strotíras]
plataforma (f)	**πλατφόρμα** (θηλ.)	[plʲatfórma]
vía (f)	**αποβάθρα** (θηλ.)	[apováθra]
semáforo (m)	**σηματοδότης** (αρ.)	[simatoðótis]
estación (f)	**σταθμός** (αρ.)	[staθmós]
maquinista (m)	**οδηγός τρένου** (αρ.)	[oðiɣós trénu]
maletero (m)	**αχθοφόρος** (αρ.)	[axθofóros]
mozo (m) del vagón	**συνοδός** (αρ.)	[sinoðós]
pasajero (m)	**επιβάτης** (αρ.)	[epivátis]
revisor (m)	**ελεγκτής εισιτηρίων** (αρ.)	[elengtís isitiríon]
corredor (m)	**διάδρομος** (αρ.)	[ðiáðromos]
freno (m) de urgencia	**φρένο έκτακτης ανάγκης** (ουδ.)	[fréno éktaktis anángis]
compartimiento (m)	**κουπέ** (ουδ.)	[kupé]
litera (f)	**κουκέτα** (θηλ.)	[kukéta]
litera (f) de arriba	**πάνω κουκέτα** (θηλ.)	[páno kukéta]
litera (f) de abajo	**κάτω κουκέτα** (θηλ.)	[káto kukéta]
ropa (f) de cama	**σεντόνια** (ουδ.πλ.)	[sendónia]
billete (m)	**εισιτήριο** (ουδ.)	[isitírio]
horario (m)	**δρομολόγιο** (ουδ.)	[ðromolʲójo]

pantalla (f) de información	**πίνακας πληροφοριών** (αρ.)	[pínakas pliroforión]
partir (vi)	**αναχωρώ**	[anaxoró]
partida (f) (del tren)	**αναχώρηση** (θηλ.)	[anaxórisi]
llegar (tren)	**φτάνω**	[ftáno]
llegada (f)	**άφιξη** (θηλ.)	[áfiksi]
llegar en tren	**έρχομαι με τρένο**	[érxome me tréno]
tomar el tren	**ανεβαίνω στο τρένο**	[anevéno sto tréno]
bajar del tren	**κατεβαίνω από το τρένο**	[katevéno apó to tréno]
descarrilamiento (m)	**πρόσκρουση τρένου** (θηλ.)	[próskrusi trénu]
fogonero (m)	**θερμαστής** (αρ.)	[θermastís]
hogar (m)	**θάλαμο καύσης** (ουδ.)	[θálʲamo káfsis]
carbón (m)	**κάρβουνο** (ουδ.)	[kárvuno]

26. El barco

barco, buque (m)	**πλοίο** (ουδ.)	[plío]
navío (m)	**σκάφος** (ουδ.)	[skáfos]
buque (m) de vapor	**ατμόπλοιο** (ουδ.)	[atmóplio]
motonave (f)	**ποταμόπλοιο** (ουδ.)	[potamóplio]
trasatlántico (m)	**κρουαζιερόπλοιο** (ουδ.)	[kruazieróplio]
crucero (m)	**καταδρομικό** (ουδ.)	[kataðromikó]
yate (m)	**κότερο** (ουδ.)	[kótero]
remolcador (m)	**ρυμουλκό** (ουδ.)	[rimulʲkó]
barcaza (f)	**φορτηγίδα** (θηλ.)	[fortiʝíða]
ferry (m)	**φέρι μποτ** (ουδ.)	[féri bot]
velero (m)	**ιστιοφόρο** (ουδ.)	[istiofóro]
bergantín (m)	**βριγαντίνο** (ουδ.)	[vriɣantíno]
rompehielos (m)	**παγοθραυστικό** (ουδ.)	[paɣoθrafstikó]
submarino (m)	**υποβρύχιο** (ουδ.)	[ipovríxo]
bote (m) de remo	**βάρκα** (θηλ.)	[várka]
bote (m)	**λέμβος** (θηλ.)	[lémvos]
bote (m) salvavidas	**σωσίβια λέμβος** (θηλ.)	[sosívia lémvos]
lancha (f) motora	**ταχύπλοο** (ουδ.)	[taxíplʲoo]
capitán (m)	**καπετάνιος** (αρ.)	[kapetánios]
marinero (m)	**ναύτης** (αρ.)	[náftis]
marino (m)	**ναυτικός** (αρ.)	[naftikós]
tripulación (f)	**πλήρωμα** (ουδ.)	[plíroma]
contramaestre (m)	**λοστρόμος** (αρ.)	[lʲostrómos]
grumete (m)	**μούτσος** (αρ.)	[mútsos]
cocinero (m) de abordo	**μάγειρας** (αρ.)	[májiras]

médico (m) del buque	**ιατρός πλοίου** (αρ.)	[jatrós plíu]
cubierta (f)	**κατάστρωμα** (ουδ.)	[katástroma]
mástil (m)	**κατάρτι** (ουδ.)	[katárti]
vela (f)	**ιστίο** (ουδ.)	[istío]
bodega (f)	**αμπάρι** (ουδ.)	[ambári]
proa (f)	**πλώρη** (θηλ.)	[plóri]
popa (f)	**πρύμνη** (θηλ.)	[prímni]
remo (m)	**κουπί** (ουδ.)	[kupí]
hélice (f)	**προπέλα** (θηλ.)	[propélʲa]
camarote (m)	**καμπίνα** (θηλ.)	[kabína]
sala (f) de oficiales	**αίθουσα αξιωματικών** (ουδ.)	[éθusa aksiomatikón]
sala (f) de máquinas	**μηχανοστάσιο** (ουδ.)	[mixanostásio]
puente (m) de mando	**γέφυρα** (θηλ.)	[ʝéfira]
sala (f) de radio	**θάλαμος επικοινωνιών** (αρ.)	[θálamos epikinonión]
onda (f)	**κύμα** (ουδ.)	[kíma]
cuaderno (m) de bitácora	**ημερολόγιο πλοίου** (ουδ.)	[imerolʲóʝo plíu]
anteojo (m)	**κυάλι** (ουδ.)	[kiáli]
campana (f)	**καμπάνα** (θηλ.)	[kabána]
bandera (f)	**σημαία** (θηλ.)	[siméa]
cabo (m) (maroma)	**παλαμάρι** (ουδ.)	[palʲamári]
nudo (m)	**κόμβος** (αρ.)	[kómvos]
pasamano (m)	**κουπαστή** (θηλ.)	[kupastí]
pasarela (f)	**σκάλα επιβιβάσεως** (θηλ.)	[skálʲa epiviváseos]
ancla (f)	**άγκυρα** (θηλ.)	[ángira]
levar ancla	**σηκώνω άγκυρα**	[sikóno ángira]
echar ancla	**ρίχνω άγκυρα**	[ríxno ángira]
cadena (f) del ancla	**αλυσίδα της άγκυρας** (θηλ.)	[alisíða tis ángiras]
puerto (m)	**λιμάνι** (ουδ.)	[limáni]
embarcadero (m)	**προβλήτα** (θηλ.)	[provlíta]
amarrar (vt)	**αράζω**	[arázo]
desamarrar (vt)	**σαλπάρω**	[salʲpáro]
viaje (m)	**ταξίδι** (ουδ.)	[taksíði]
crucero (m) (viaje)	**κρουαζιέρα** (θηλ.)	[kruaziéra]
derrota (f) (rumbo)	**ρότα, πορεία** (θηλ.)	[róta], [poría]
itinerario (m)	**δρομολόγιο** (ουδ.)	[ðromolʲóʝo]
canal (m) navegable	**πλωτό μέρος** (ουδ.)	[plʲotó méros]
bajío (m)	**ρηχά** (ουδ.πλ.)	[rixá]
encallar (vi)	**εξοκέλλω**	[eksokélʲo]
tempestad (f)	**καταιγίδα** (θηλ.)	[kateʝíða]
señal (f)	**σήμα** (ουδ.)	[síma]

hundirse (vr)	**βυθίζομαι**	[viθízome]
SOS	**SOS** (ουδ.)	[es-o-es]
aro (m) salvavidas	**σωσίβιο** (ουδ.)	[sosívio]

T&P BOOKS

LA CIUDAD

T&P Books Publishing

27. El transporte urbano

autobús (m)	**λεωφορείο** (ουδ.)	[leoforío]
tranvía (m)	**τραμ** (ουδ.)	[tram]
trolebús (m)	**τρόλεϊ** (ουδ.)	[trólej]
itinerario (m)	**δρομολόγιο** (ουδ.)	[ðromolʲóʝo]
número (m)	**αριθμός** (αρ.)	[ariθmós]
ir en …	**πηγαίνω με …**	[piʝéno me]
tomar (~ el autobús)	**ανεβαίνω**	[anevéno]
bajar (~ del tren)	**κατεβαίνω**	[katevéno]
parada (f)	**στάση** (θηλ.)	[stási]
próxima parada (f)	**επόμενη στάση** (θηλ.)	[epómeni stási]
parada (f) final	**τερματικός σταθμός** (αρ.)	[termatikós staθmós]
horario (m)	**δρομολόγιο** (ουδ.)	[ðromolʲóʝo]
esperar (aguardar)	**περιμένω**	[periméno]
billete (m)	**εισιτήριο** (ουδ.)	[isitírio]
precio (m) del billete	**τιμή εισιτηρίου** (θηλ.)	[timí isitiríu]
cajero (m)	**ταμίας** (αρ./θηλ.)	[tamías]
control (m) de billetes	**έλεγχος εισιτηρίων** (αρ.)	[élenxos isitiríon]
revisor (m)	**ελεγκτής εισιτηρίων** (αρ.)	[elengtís isitiríon]
llegar tarde (vi)	**καθυστερώ**	[kaθisteró]
perder (~ el tren)	**καθυστερώ**	[kaθisteró]
tener prisa	**βιάζομαι**	[viázome]
taxi (m)	**ταξί** (ουδ.)	[taksí]
taxista (m)	**ταξιτζής** (αρ.)	[taksidzís]
en taxi	**με ταξί**	[me taksí]
parada (f) de taxi	**πιάτσα ταξί** (θηλ.)	[piátsa taksí]
llamar un taxi	**καλώ ταξί**	[kalʲó taksí]
tomar un taxi	**παίρνω ταξί**	[pérno taksí]
tráfico (m)	**κίνηση** (θηλ.)	[kínisi]
atasco (m)	**μποτιλιάρισμα** (ουδ.)	[botiliárizma]
horas (f pl) de punta	**ώρα αιχμής** (θηλ.)	[óra exmís]
aparcar (vi)	**παρκάρω**	[parkáro]
aparcar (vt)	**παρκάρω**	[parkáro]
aparcamiento (m)	**πάρκινγκ** (ουδ.)	[párking]
metro (m)	**μετρό** (ουδ.)	[metró]
estación (f)	**σταθμός** (αρ.)	[staθmós]
ir en el metro	**παίρνω το μετρό**	[pérno to metró]

tren (m)	**τραίνο, τρένο** (ουδ.)	[tréno]
estación (f)	**σιδηροδρομικός σταθμός** (αρ.)	[siðiroðromikós staθmós]

28. La ciudad. La vida en la ciudad

ciudad (f)	**πόλη** (θηλ.)	[póli]
capital (f)	**πρωτεύουσα** (θηλ.)	[protévusa]
aldea (f)	**χωριό** (ουδ.)	[xorió]
plano (m) de la ciudad	**χάρτης πόλης** (αρ.)	[xártis pólis]
centro (m) de la ciudad	**κέντρο της πόλης** (ουδ.)	[kéndro tis pólis]
suburbio (m)	**προάστιο** (ουδ.)	[proástio]
suburbano (adj)	**προαστιακός**	[proastiakós]
arrabal (m)	**προάστια** (ουδ.πλ.)	[proástia]
afueras (f pl)	**περίχωρα** (πλ.)	[períxora]
barrio (m)	**συνοικία** (θηλ.)	[sinikía]
zona (f) de viviendas	**οικιστικό τετράγωνο** (ουδ.)	[ikistikó tetráɣono]
tráfico (m)	**κίνηση** (θηλ.)	[kínisi]
semáforo (m)	**φανάρι** (ουδ.)	[fanári]
transporte (m) urbano	**δημόσιες συγκοινωνίες** (θηλ.πλ.)	[ðimósies singinoníes]
cruce (m)	**διασταύρωση** (θηλ.)	[ðiastávrosi]
paso (m) de peatones	**διάβαση πεζών** (θηλ.)	[ðiávasi pezón]
paso (m) subterráneo	**υπόγεια διάβαση** (θηλ.)	[ipójia ðiávasi]
cruzar (vt)	**περνάω, διασχίζω**	[pernáo], [ðiasxízo]
peatón (m)	**πεζός** (αρ.)	[pezós]
acera (f)	**πεζοδρόμιο** (ουδ.)	[pezoðrómio]
puente (m)	**γέφυρα** (θηλ.)	[jéfira]
muelle (m)	**προκυμαία** (θηλ.)	[prokiméa]
fuente (f)	**κρήνη** (θηλ.)	[kríni]
alameda (f)	**αλέα** (θηλ.)	[aléa]
parque (m)	**πάρκο** (ουδ.)	[párko]
bulevar (m)	**λεωφόρος** (θηλ.)	[leofóros]
plaza (f)	**πλατεία** (θηλ.)	[plʲatía]
avenida (f)	**λεωφόρος** (θηλ.)	[leofóros]
calle (f)	**δρόμος** (αρ.)	[ðrómos]
callejón (m)	**παράδρομος** (αρ.)	[paráðromos]
callejón (m) sin salida	**αδιέξοδο** (ουδ.)	[aðiéksoðo]
casa (f)	**σπίτι** (ουδ.)	[spíti]
edificio (m)	**κτίριο** (ουδ.)	[ktírio]
rascacielos (m)	**ουρανοξύστης** (αρ.)	[uranoksístis]
fachada (f)	**πρόσοψη** (θηλ.)	[prósopsi]
techo (m)	**στέγη** (θηλ.)	[stéji]

ventana (f)	**παράθυρο** (ουδ.)	[paráθiro]
arco (m)	**αψίδα** (θηλ.)	[apsíða]
columna (f)	**κολόνα** (θηλ.)	[kolʲóna]
esquina (f)	**γωνία** (θηλ.)	[ɣonía]
escaparate (f)	**βιτρίνα** (θηλ.)	[vitrína]
letrero (m) (~ luminoso)	**ταμπέλα** (θηλ.)	[tabélʲa]
cartel (m)	**αφίσα** (θηλ.)	[afísa]
cartel (m) publicitario	**διαφημιστική αφίσα** (θηλ.)	[ðiafimistikí afísa]
valla (f) publicitaria	**διαφημιστική πινακίδα** (θηλ.)	[ðiafimistikí pinakíða]
basura (f)	**σκουπίδια** (ουδ.πλ.)	[skupíðia]
cajón (m) de basura	**σκουπιδοτενεκές** (αρ.)	[skupiðotenekés]
tirar basura	**λερώνω με σκουπίδια**	[leróno me skupíðia]
basurero (m)	**χωματερή** (θηλ.)	[xomaterí]
cabina (f) telefónica	**τηλεφωνικός θάλαμος** (αρ.)	[tilefonikós θálʲamos]
farola (f)	**φανοστάτης** (αρ.)	[fanostátis]
banco (m) (del parque)	**παγκάκι** (ουδ.)	[pangáki]
policía (m)	**αστυνομικός** (αρ.)	[astinomikós]
policía (f) (~ nacional)	**αστυνομία** (θηλ.)	[astinomía]
mendigo (m)	**ζητιάνος** (αρ.)	[zitiános]
persona (f) sin hogar	**άστεγος** (αρ.)	[ásteɣos]

29. Las instituciones urbanas

tienda (f)	**κατάστημα** (ουδ.)	[katástima]
farmacia (f)	**φαρμακείο** (ουδ.)	[farmakío]
óptica (f)	**κατάστημα οπτικών** (ουδ.)	[katástima optikón]
centro (m) comercial	**εμπορικό κέντρο** (ουδ.)	[emborikó kéndro]
supermercado (m)	**σουπερμάρκετ** (ουδ.)	[supermárket]
panadería (f)	**αρτοπωλείο** (ουδ.)	[artopolío]
panadero (m)	**φούρναρης** (αρ.)	[fúrnaris]
pastelería (f)	**ζαχαροπλαστείο** (ουδ.)	[zaxaroplʲastío]
tienda (f) de comestibles	**μπακάλικο** (ουδ.)	[bakáliko]
carnicería (f)	**κρεοπωλείο** (ουδ.)	[kreopolío]
verdulería (f)	**μανάβικο** (ουδ.)	[manáviko]
mercado (m)	**αγορά, λαϊκή** (θηλ.)	[aɣorá], [lʲajkí]
cafetería (f)	**καφετέρια** (θηλ.)	[kafetéria]
restaurante (m)	**εστιατόριο** (ουδ.)	[estiatório]
cervecería (f)	**μπαρ** (ουδ.), **μπυραρία** (θηλ.)	[bar], [biraría]
pizzería (f)	**πιτσαρία** (θηλ.)	[pitsaría]
peluquería (f)	**κομμωτήριο** (ουδ.)	[komotírio]

oficina (f) de correos	**ταχυδρομείο** (ουδ.)	[taxiðromío]
tintorería (f)	**στεγνοκαθαριστήριο** (ουδ.)	[steɣnokaθaristírio]
estudio (m) fotográfico	**φωτογραφείο** (ουδ.)	[fotoɣrafío]
zapatería (f)	**κατάστημα παπουτσιών** (ουδ.)	[katástima paputsión]
librería (f)	**βιβλιοπωλείο** (ουδ.)	[vivliopolío]
tienda (f) deportiva	**κατάστημα αθλητικών ειδών** (ουδ.)	[katástima aθlitikón iðón]
arreglos (m pl) de ropa	**κατάστημα επιδιορθώσεων ενδυμάτων** (ουδ.)	[katástima epiðiorθóseon enðimáton]
alquiler (m) de ropa	**ενοικίαση ενδυμάτων** (θηλ.)	[enikíasi enðimáton]
videoclub (m)	**κατάστημα ενοικίασης βίντεο** (ουδ.)	[katástima enikíasis vídeo]
circo (m)	**τσίρκο** (ουδ.)	[tsírko]
zoológico (m)	**ζωολογικός κήπος** (αρ.)	[zooloʝikós kípos]
cine (m)	**κινηματογράφος** (αρ.)	[kinimatoɣráfos]
museo (m)	**μουσείο** (ουδ.)	[musío]
biblioteca (f)	**βιβλιοθήκη** (θηλ.)	[vivlioθíki]
teatro (m)	**θέατρο** (ουδ.)	[θéatro]
ópera (f)	**όπερα** (θηλ.)	[ópera]
club (m) nocturno	**νυχτερινό κέντρο** (ουδ.)	[nixterinó kéndro]
casino (m)	**καζίνο** (ουδ.)	[kazíno]
mezquita (f)	**τζαμί** (ουδ.)	[dzamí]
sinagoga (f)	**συναγωγή** (θηλ.)	[sinaɣoʝí]
catedral (f)	**καθεδρικός** (αρ.)	[kaθeðrikós]
templo (m)	**ναός** (αρ.)	[naós]
iglesia (f)	**εκκλησία** (θηλ.)	[eklisía]
instituto (m)	**πανεπιστήμιο** (ουδ.)	[panepistímio]
universidad (f)	**πανεπιστήμιο** (ουδ.)	[panepistímio]
escuela (f)	**σχολείο** (ουδ.)	[sxolío]
prefectura (f)	**νομός** (αρ.)	[nómos]
alcaldía (f)	**δημαρχείο** (ουδ.)	[ðimarxío]
hotel (m)	**ξενοδοχείο** (ουδ.)	[ksenoðoxío]
banco (m)	**τράπεζα** (θηλ.)	[trápeza]
embajada (f)	**πρεσβεία** (θηλ.)	[prezvía]
agencia (f) de viajes	**ταξιδιωτικό γραφείο** (ουδ.)	[taksiðiotikó ɣrafío]
oficina (f) de información	**γραφείο πληροφοριών** (ουδ.)	[ɣrafío plirofoɾión]
oficina (f) de cambio	**ανταλλακτήριο συναλλάγματος** (ουδ.)	[andalʲaktírio sinalʲáɣmatos]
metro (m)	**μετρό** (ουδ.)	[metró]
hospital (m)	**νοσοκομείο** (ουδ.)	[nosokomío]

gasolinera (f)	**βενζινάδικο** (ουδ.)	[venzináðiko]
aparcamiento (m)	**πάρκινγκ** (ουδ.)	[párking]

30. Los avisos

letrero (m) (~ luminoso)	**ταμπέλα** (θηλ.)	[tabélʲa]
cartel (m) (texto escrito)	**επιγραφή** (θηλ.)	[epiɣrafí]
pancarta (f)	**αφίσα, πόστερ** (ουδ.)	[afísa], [póster]
señal (m) de dirección	**πινακίδα** (θηλ.)	[pinakíða]
flecha (f) (signo)	**βελάκι** (ουδ.)	[velʲáki]
advertencia (f)	**προειδοποίηση** (θηλ.)	[proiðopíisi]
aviso (m)	**προειδοποίηση** (θηλ.)	[proiðopíisi]
advertir (vt)	**προειδοποιώ**	[proiðopió]
día (m) de descanso	**ρεπό** (ουδ.)	[repó]
horario (m)	**ωράριο** (ουδ.)	[orário]
horario (m) de apertura	**ώρες λειτουργίας** (θηλ.πλ.)	[óres liturʝías]
¡BIENVENIDOS!	**ΚΑΛΩΣ ΗΡΘΑΤΕ!**	[kalʲos írθate]
ENTRADA	**ΕΙΣΟΔΟΣ**	[ísoðos]
SALIDA	**ΕΞΟΔΟΣ**	[éksoðos]
EMPUJAR	**ΩΘΗΣΑΤΕ**	[oθísate]
TIRAR	**ΕΛΞΑΤΕ**	[élʲksate]
ABIERTO	**ΑΝΟΙΚΤΟ**	aníkto
CERRADO	**ΚΛΕΙΣΤΟ**	[klísto]
MUJERES	**ΓΥΝΑΙΚΩΝ**	[ʝinekón]
HOMBRES	**ΑΝΔΡΕΣ**	[ánðres]
REBAJAS	**ΕΚΠΤΩΣΕΙΣ**	[ekptósis]
SALDOS	**ΞΕΠΟΥΛΗΜΑ**	[ksepúlima]
NOVEDAD	**ΝΕΟ!**	[néo]
GRATIS	**ΔΩΡΕΑΝ**	[ðoreán]
¡ATENCIÓN!	**ΠΡΟΣΟΧΗ!**	[prosoxí]
COMPLETO	**ΔΕΝ ΥΠΑΡΧΟΥΝ**	[ðen ipárxun
	ΚΕΝΑ ΔΩΜΑΤΙΑ	kená ðomátia]
RESERVADO	**ΡΕΖΕΡΒΕ**	[rezervé]
ADMINISTRACIÓN	**ΔΙΕΥΘΥΝΤΗΣ**	[ðiéfθindis]
SÓLO PERSONAL	**ΜΟΝΟ**	[móno
AUTORIZADO	**ΓΙΑ ΤΟ ΠΡΟΣΩΠΙΚΟ**	ʝa to prosopikó]
CUIDADO	**ΠΡΟΣΟΧΗ ΣΚΥΛΟΣ**	[prosoxí skílʲos]
CON EL PERRO		
PROHIBIDO FUMAR	**ΑΠΑΓΟΡΕΥΕΤΑΙ**	[apaɣorévete
	ΤΟ ΚΑΠΝΙΣΜΑ	to kápnizma]
NO TOCAR	**ΜΗΝ ΑΓΓΙΖΕΤΕ!**	[min angízete]

PELIGROSO	**ΚΙΝΔΥΝΟΣ**	[kínðinos]
PELIGRO	**ΚΙΝΔΥΝΟΣ**	[kínðinos]
ALTA TENSIÓN	**ΥΨΗΛΗ ΤΑΣΗ**	[ípseli tási]
PROHIBIDO BAÑARSE	**ΑΠΑΓΟΡΕΥΕΤΑΙ ΤΟ ΚΟΛΥΜΠΙ**	[apaɣorévete to kolíbi]
NO FUNCIONA	**ΕΚΤΟΣ ΛΕΙΤΟΥΡΓΙΑΣ**	éktos liturjías
INFLAMABLE	**ΕΥΦΛΕΚΤΟ**	[éflekto]
PROHIBIDO	**ΑΠΑΓΟΡΕΥΕΤΑΙ**	[apaɣorévete]
PROHIBIDO EL PASO	**ΑΠΑΓΟΡΕΥΕΤΑΙ ΤΟ ΠΕΡΑΣΜΑ**	[apaɣorévete to pérazma]
RECIÉN PINTADO	**ΦΡΕΣΚΟΒΑΜΜΕΝΟ**	[frésko vaméno]

31. Las compras

comprar (vt)	**αγοράζω**	[aɣorázo]
compra (f)	**αγορά** (θηλ.)	[aɣorá]
hacer compras	**ψωνίζω**	[psonízo]
compras (f pl)	**shopping** (ουδ.)	[ʃópiŋ]
estar abierto (tienda)	**λειτουργώ**	[lituryó]
estar cerrado	**κλείνω**	[klíno]
calzado (m)	**υποδήματα** (ουδ.πλ.)	[ipoðímata]
ropa (f)	**ενδύματα** (ουδ.πλ.)	[enðímata]
cosméticos (m pl)	**καλλυντικά** (ουδ.πλ.)	[kalindiká]
productos alimenticios	**τρόφιμα** (ουδ.πλ.)	[trófima]
regalo (m)	**δώρο** (ουδ.)	[ðóro]
vendedor (m)	**πωλητής** (αρ.)	[politís]
vendedora (f)	**πωλήτρια** (θηλ.)	[polítria]
caja (f)	**ταμείο** (ουδ.)	[tamío]
espejo (m)	**καθρέφτης** (αρ.)	[kaθréftis]
mostrador (m)	**πάγκος** (αρ.)	[pángos]
probador (m)	**δοκιμαστήριο** (ουδ.)	[ðokimastírio]
probar (un vestido)	**δοκιμάζω**	[ðokimázo]
quedar (una ropa, etc.)	**ταιριάζω**	[teriázo]
gustar (vi)	**μου αρέσει**	[mu arési]
precio (m)	**τιμή** (θηλ.)	[timí]
etiqueta (f) de precio	**καρτέλα τιμής** (θηλ.)	[kartélʲa timís]
costar (vt)	**κοστίζω**	[kostízo]
¿Cuánto?	**Πόσο κάνει;**	póso káni?
descuento (m)	**έκπτωση** (θηλ.)	[ékptosi]
no costoso (adj)	**φτηνός**	[ftinós]
barato (adj)	**φτηνός**	[ftinós]
caro (adj)	**ακριβός**	[akrivós]

Es caro	**Είναι ακριβός**	[íne akrivós]
alquiler (m)	**ενοικίαση** (θηλ.)	[enikíasi]
alquilar (vt)	**νοικιάζω**	[nikiázo]
crédito (m)	**πίστωση** (θηλ.)	[pístosi]
a crédito (adv)	**με πίστωση**	[me pístosi]

T&P BOOKS

LA ROPA Y
LOS ACCESORIOS

T&P Books Publishing

32. La ropa exterior. Los abrigos

ropa (f)	**ενδύματα** (ουδ.πλ.)	[enðímata]
ropa (f) de calle	**πανωφόρια** (ουδ.πλ.)	[panofória]
ropa (f) de invierno	**χειμωνιάτικα ρούχα** (ουδ.πλ.)	[ximoniátika rúxa]
abrigo (m)	**παλτό** (ουδ.)	[palltó]
abrigo (m) de piel	**γούνα** (θηλ.)	[ɣúna]
abrigo (m) corto de piel	**κοντογούνι** (ουδ.)	[kondoɣúni]
chaqueta (f) plumón	**πουπουλένιο μπουφάν** (ουδ.)	[pupulénio bufán]
cazadora (f)	**μπουφάν** (ουδ.)	[bufán]
impermeable (m)	**αδιάβροχο** (ουδ.)	[aðiávroxo]
impermeable (adj)	**αδιάβροχος**	[aðiávroxos]

33. Ropa de hombre y mujer

camisa (f)	**πουκάμισο** (ουδ.)	[pukámiso]
pantalones (m pl)	**παντελόνι** (ουδ.)	[pandelʲóni]
jeans, vaqueros (m pl)	**τζιν** (ουδ.)	[dzin]
chaqueta (f), saco (m)	**σακάκι** (ουδ.)	[sakáki]
traje (m)	**κοστούμι** (ουδ.)	[kostúmi]
vestido (m)	**φόρεμα** (ουδ.)	[fórema]
falda (f)	**φούστα** (θηλ.)	[fústa]
blusa (f)	**μπλούζα** (θηλ.)	[blʲúza]
rebeca (f), chaqueta (f) de punto	**ζακέτα** (θηλ.)	[zakéta]
chaqueta (f)	**σακάκι** (ουδ.)	[sakáki]
camiseta (f) (T-shirt)	**μπλουζάκι** (ουδ.)	[blʲuzáki]
pantalones (m pl) cortos	**σορτς** (ουδ.)	[sorts]
traje (m) deportivo	**αθλητική φόρμα** (θηλ.)	[aθlitikí fórma]
bata (f) de baño	**μπουρνούζι** (ουδ.)	[burnúzi]
pijama (m)	**πιτζάμα** (θηλ.)	[pidzáma]
suéter (m)	**πουλόβερ** (ουδ.)	[pulʲóver]
pulóver (m)	**πουλόβερ** (ουδ.)	[pulʲóver]
chaleco (m)	**γιλέκο** (ουδ.)	[ʝiléko]
frac (m)	**φράκο** (ουδ.)	[fráko]
esmoquin (m)	**σμόκιν** (ουδ.)	[smókin]

uniforme (m)	**στολή** (θηλ.)	[stolí]
ropa (f) de trabajo	**τα ρούχα της δουλειάς** (ουδ.πλ.)	[ta rúxa tis ðuliás]
mono (m)	**φόρμα** (θηλ.)	[fórma]
bata (f) (p. ej. ~ blanca)	**ρόμπα** (θηλ.)	[rómpa]

34. La ropa. La ropa interior

ropa (f) interior	**εσώρουχα** (ουδ.πλ.)	[esóruxa]
camiseta (f) interior	**φανέλα** (θηλ.)	[fanélʲa]
calcetines (m pl)	**κάλτσες** (θηλ.πλ.)	[kálʲtses]
camisón (m)	**νυχτικό** (ουδ.)	[nixtikó]
sostén (m)	**σουτιέν** (ουδ.)	[sutién]
calcetines (m pl) altos	**κάλτσες μέχρι το γόνατο** (θηλ.πλ.)	[kálʲtses méxri to ɣónato]
pantimedias (f pl)	**καλτσόν** (ουδ.)	[kalʲtsón]
medias (f pl)	**κάλτσες** (θηλ.πλ.)	[kálʲtses]
traje (m) de baño	**μαγιό** (ουδ.)	[maʝió]

35. Gorras

gorro (m)	**καπέλο** (ουδ.)	[kapélʲo]
sombrero (m) de fieltro	**καπέλο, φεντόρα** (ουδ.)	[kapélʲo], [fedóra]
gorra (f) de béisbol	**καπέλο του μπέιζμπολ** (ουδ.)	[kapélʲo tu béjzbolʲ]
gorra (f) plana	**κασκέτο** (ουδ.)	[kaskéto]
boina (f)	**μπερές** (αρ.)	[berés]
capuchón (m)	**κουκούλα** (θηλ.)	[kukúlʲa]
panamá (m)	**παναμάς** (αρ.)	[panamás]
gorro (m) de punto	**πλεκτό καπέλο** (ουδ.)	[plektó kapélʲo]
pañuelo (m)	**μαντήλι** (ουδ.)	[mandíli]
sombrero (m) de mujer	**γυναικείο καπέλο** (ουδ.)	[ʝinekío kapélʲo]
casco (m) (~ protector)	**κράνος** (ουδ.)	[krános]
gorro (m) de campaña	**δίκοχο** (ουδ.)	[ðíkoxo]
casco (m) (~ de moto)	**κράνος** (ουδ.)	[krános]
bombín (m)	**μπόουλερ** (αρ.)	[bóuler]
sombrero (m) de copa	**ψηλό καπέλο** (ουδ.)	[psilʲó kapélʲo]

36. El calzado

calzado (m)	**υποδήματα** (ουδ.πλ.)	[ipoðímata]
botas (f pl)	**παπούτσια** (ουδ.πλ.)	[papútsia]

zapatos (m pl) (~ de tacón bajo)	**γόβες** (θηλ.πλ.)	[ɣóves]
botas (f pl) altas	**μπότες** (θηλ.πλ.)	[bótes]
zapatillas (f pl)	**παντόφλες** (θηλ.πλ.)	[pandófles]
tenis (m pl)	**αθλητικά** (ουδ.πλ.)	[aθlitiká]
zapatillas (f pl) de lona	**αθλητικά παπούτσια** (ουδ.πλ.)	[aθlitiká papútsia]
sandalias (f pl)	**σανδάλια** (ουδ.)	[sanðália]
zapatero (m)	**τσαγκάρης** (αρ.)	[tsangáris]
tacón (m)	**τακούνι** (ουδ.)	[takúni]
par (m)	**ζευγάρι** (ουδ.)	[zevɣári]
cordón (m)	**κορδόνι** (ουδ.)	[korðóni]
encordonar (vt)	**δένω τα κορδόνια**	[ðéno ta korðónia]
calzador (m)	**κόκκαλο παπουτσιών** (ουδ.)	[kókalʲo paputsion]
betún (m)	**κρέμα παπουτσιών** (θηλ.)	[kréma paputsión]

37. Accesorios personales

guantes (m pl)	**γάντια** (ουδ.πλ.)	[ɣándia]
bufanda (f)	**κασκόλ** (ουδ.)	[kaskólʲ]
gafas (f pl)	**γυαλιά** (ουδ.πλ.)	[ʝaliá]
montura (f)	**σκελετός** (αρ.)	[skeletós]
paraguas (m)	**ομπρέλα** (θηλ.)	[ombrélʲa]
bastón (m)	**μπαστούνι** (ουδ.)	[bastúni]
cepillo (m) de pelo	**βούρτσα** (θηλ.)	[vúrtsa]
abanico (m)	**βεντάλια** (θηλ.)	[vendália]
corbata (f)	**γραβάτα** (θηλ.)	[ɣraváta]
pajarita (f)	**παπιγιόν** (ουδ.)	[papiʝón]
tirantes (m pl)	**τιράντες** (θηλ.πλ.)	[tirándes]
moquero (m)	**μαντήλι** (ουδ.)	[mandíli]
peine (m)	**χτένα** (θηλ.)	[xténa]
pasador (m) de pelo	**φουρκέτα** (θηλ.)	[furkéta]
horquilla (f)	**φουρκέτα** (θηλ.)	[furkéta]
hebilla (f)	**πόρπη** (θηλ.)	[pórpi]
cinturón (m)	**ζώνη** (θηλ.)	[zóni]
correa (f) (de bolso)	**λουρί** (αρ.)	[lʲurí]
bolsa (f)	**τσάντα** (θηλ.)	[tsánda]
bolso (m)	**τσάντα** (θηλ.)	[tsánda]

mochila (f)　　　　　　　σακίδιο (ουδ.)　　　　　　[sakíðio]

38. La ropa. Miscelánea

moda (f)	**μόδα** (θηλ.)	[móðа]
de moda (adj)	**της μόδας**	[tis móðas]
diseñador (m) de moda	**σχεδιαστής** (αρ.)	[sxeðiastís]
cuello (m)	**γιακάς** (αρ.)	[ʝakás]
bolsillo (m)	**τσέπη** (θηλ.)	[tsépi]
de bolsillo (adj)	**της τσέπης**	[tis tsépis]
manga (f)	**μανίκι** (ουδ.)	[maníki]
presilla (f)	**θηλιά** (θηλ.)	[θiliá]
bragueta (f)	**φερμουάρ** (ουδ.)	[fermuár]
cremallera (f)	**φερμουάρ** (ουδ.)	[fermuár]
cierre (m)	**κούμπωμα** (ουδ.)	[kúmboma]
botón (m)	**κουμπί** (ουδ.)	[kumbí]
ojal (m)	**κουμπότρυπα** (θηλ.)	[kumbótripa]
saltar (un botón)	**βγαίνω**	[vʝéno]
coser (vi, vt)	**ράβω**	[rávo]
bordar (vt)	**κεντώ**	[kendó]
bordado (m)	**κέντημα** (ουδ.)	[kéndima]
aguja (f)	**βελόνα** (θηλ.)	[velʲóna]
hilo (m)	**κλωστή** (θηλ.)	[klʲostí]
costura (f)	**ραφή** (θηλ.)	[rafí]
ensuciarse (vr)	**λερώνομαι**	[lerónome]
mancha (f)	**λεκές** (αρ.)	[lekés]
arrugarse (vr)	**τσαλακώνομαι**	[tsalʲakónome]
rasgar (vt)	**σκίζω**	[skízo]
polilla (f)	**σκόρος** (αρ.)	[skóros]

39. Productos personales. Cosméticos

pasta (f) de dientes	**οδοντόκρεμα** (θηλ.)	[oðondókrema]
cepillo (m) de dientes	**οδοντόβουρτσα** (θηλ.)	[oðondóvutsa]
limpiarse los dientes	**πλένω τα δόντια**	[pléno ta ðóndia]
maquinilla (f) de afeitar	**ξυράφι** (ουδ.)	[ksiráfi]
crema (f) de afeitar	**κρέμα ξυρίσματος** (θηλ.)	[kréma ksirízmatos]
afeitarse (vr)	**ξυρίζομαι**	[ksirízome]
jabón (m)	**σαπούνι** (ουδ.)	[sapúni]
champú (m)	**σαμπουάν** (ουδ.)	[sambuán]
tijeras (f pl)	**ψαλίδι** (ουδ.)	[psalíði]
lima (f) de uñas	**λίμα νυχιών** (θηλ.)	[líma nixión]
cortaúñas (m pl)	**νυχοκόπτης** (αρ.)	[nixokóptis]
pinzas (f pl)	**τσιμπιδάκι** (ουδ.)	[tsimbiðáki]

cosméticos (m pl)	καλλυντικά (ουδ.πλ.)	[kalindiká]
mascarilla (f)	μάσκα (θηλ.)	[máska]
manicura (f)	μανικιούρ (ουδ.)	[manikiúr]
hacer la manicura	κάνω μανικιούρ	[káno manikiúr]
pedicura (f)	πεντικιούρ (ουδ.)	[pedikiúr]
bolsa (f) de maquillaje	τσαντάκι καλλυντικών (ουδ.)	[tsandáki kalindikón]
polvos (m pl)	πούδρα (θηλ.)	[púðra]
polvera (f)	πουδριέρα (θηλ.)	[puðriéra]
colorete (m), rubor (m)	ρουζ (ουδ.)	[ruz]
perfume (m)	άρωμα (ουδ.)	[ároma]
agua (f) de tocador	κολόνια (θηλ.)	[kolʲónia]
loción (f)	λοσιόν (θηλ.)	[lʲosión]
agua (f) de Colonia	κολόνια (θηλ.)	[kolʲónia]
sombra (f) de ojos	σκιά ματιών (θηλ.)	[skiá matión]
lápiz (m) de ojos	μολύβι ματιών (ουδ.)	[molívi matión]
rímel (m)	μάσκαρα (θηλ.)	[máskara]
pintalabios (m)	κραγιόν (ουδ.)	[krajión]
esmalte (m) de uñas	βερνίκι νυχιών (ουδ.)	[verníki nixión]
fijador (m) para el pelo	λακ μαλλιών (ουδ.)	[lʲak malión]
desodorante (m)	αποσμητικό (ουδ.)	[apozmitikó]
crema (f)	κρέμα (θηλ.)	[kréma]
crema (f) de belleza	κρέμα προσώπου (θηλ.)	[kréma prosópu]
crema (f) de manos	κρέμα χεριών (θηλ.)	[kréma xerión]
crema (f) antiarrugas	αντιρυτιδική κρέμα (θηλ.)	[andiritiðikí kréma]
crema (f) de día	κρέμα ημέρας (θηλ.)	[kréma iméras]
crema (f) de noche	κρέμα νυκτός (θηλ.)	[kréma niktós]
tampón (m)	ταμπόν (ουδ.)	[tabón]
papel (m) higiénico	χαρτί υγείας (ουδ.)	[xartí ijías]
secador (m) de pelo	πιστολάκι (ουδ.)	[pistolʲáki]

40. Los relojes

reloj (m)	ρολόι χειρός (ουδ.)	[rolʲój xirós]
esfera (f)	πλάκα ρολογιού (θηλ.)	[plʲáka rolʲojú]
aguja (f)	δείκτης (αρ.)	[ðíktis]
pulsera (f)	μπρασελέ (ουδ.)	[braselé]
correa (f) (del reloj)	λουράκι (ουδ.)	[lʲuráki]
pila (f)	μπαταρία (θηλ.)	[bataría]
descargarse (vr)	εξαντλούμαι	[eksantlʲúme]
cambiar la pila	αλλάζω μπαταρία	[alʲázo bataría]
adelantarse (vr)	πηγαίνω μπροστά	[pijéno brostá]
retrasarse (vr)	πηγαίνω πίσω	[pijéno píso]

reloj (m) de pared	**ρολόι τοίχου** (ουδ.)	[rolʲój tíxu]
reloj (m) de arena	**κλεψύδρα** (θηλ.)	[klepsíðra]
reloj (m) de sol	**ηλιακό ρολόι** (ουδ.)	[iliakó rolʲój]
despertador (m)	**ξυπνητήρι** (ουδ.)	[ksipnitíri]
relojero (m)	**ωρολογοποιός** (αρ.)	[orolʲoɣopiós]
reparar (vt)	**επισκευάζω**	[episkevázo]

T&P BOOKS

LA EXPERIENCIA DIARIA

T&P Books Publishing

41. El dinero

dinero (m)	**χρήματα** (ουδ.πλ.)	[xrímata]
cambio (m)	**ανταλλαγή** (θηλ.)	[andalʲají]
curso (m)	**ισοτιμία** (θηλ.)	[isotimía]
cajero (m) automático	**ATM** (ουδ.)	[eitiém]
moneda (f)	**κέρμα** (ουδ.)	[kérma]
dólar (m)	**δολάριο** (ουδ.)	[ðolʲário]
euro (m)	**ευρώ** (ουδ.)	[evró]
lira (f)	**λίρα** (θηλ.)	[líra]
marco (m) alemán	**μάρκο** (ουδ.)	[márko]
franco (m)	**φράγκο** (ουδ.)	[frángo]
libra esterlina (f)	**στερλίνα** (θηλ.)	[sterlína]
yen (m)	**γιεν** (ουδ.)	[jén]
deuda (f)	**χρέος** (ουδ.)	[xréos]
deudor (m)	**χρεώστης** (αρ.)	[xreóstis]
prestar (vt)	**δανείζω**	[ðanízo]
tomar prestado	**δανείζομαι**	[ðanízome]
banco (m)	**τράπεζα** (θηλ.)	[trápeza]
cuenta (f)	**λογαριασμός** (αρ.)	[lʲoɣariazmós]
ingresar en la cuenta	**καταθέτω στο λογαριασμό**	[kataθéto sto lʲoɣariazmó]
sacar de la cuenta	**κάνω ανάληψη**	[káno análipsi]
tarjeta (f) de crédito	**πιστωτική κάρτα** (θηλ.)	[pistotikí kárta]
dinero (m) en efectivo	**μετρητά** (ουδ.πλ.)	[metritá]
cheque (m)	**επιταγή** (θηλ.)	[epitají]
sacar un cheque	**κόβω επιταγή**	[kóvo epitají]
talonario (m)	**βιβλιάριο επιταγών** (ουδ.)	[vivliário epitaɣón]
cartera (f)	**πορτοφόλι** (ουδ.)	[portofóli]
monedero (m)	**πορτοφόλι** (ουδ.)	[portofóli]
caja (f) fuerte	**χρηματοκιβώτιο** (ουδ.)	[xrimatokivótio]
heredero (m)	**κληρονόμος** (αρ.)	[klironómos]
herencia (f)	**κληρονομιά** (θηλ.)	[klironomiá]
fortuna (f)	**περιουσία** (θηλ.)	[periusía]
arriendo (m)	**σύμβαση μίσθωσης** (θηλ.)	[símvasi mísθosis]
alquiler (m) (dinero)	**ενοίκιο** (ουδ.)	[eníkio]
alquilar (~ una casa)	**νοικιάζω**	[nikiázo]
precio (m)	**τιμή** (θηλ.)	[timí]

coste (m)	**κόστος** (ουδ.)	[kóstos]
suma (f)	**ποσό** (ουδ.)	[posó]
gastar (vt)	**ξοδεύω**	[ksoðévo]
gastos (m pl)	**έξοδα** (ουδ.πλ.)	[éksoða]
economizar (vi, vt)	**κάνω οικονομία**	[káno ikonomía]
económico (adj)	**οικονομικός**	[ikonomikós]
pagar (vi, vt)	**πληρώνω**	[pliróno]
pago (m)	**αμοιβή** (θηλ.)	[amiví]
cambio (m) (devolver el ~)	**ρέστα** (ουδ.πλ.)	[résta]
impuesto (m)	**φόρος** (αρ.)	[fóros]
multa (f)	**πρόστιμο** (ουδ.)	[próstimo]
multar (vt)	**επιβάλλω πρόστιμο**	[epiválʲo próstimo]

42. La oficina de correos

oficina (f) de correos	**ταχυδρομείο** (ουδ.)	[taxiðromío]
correo (m) (cartas, etc.)	**ταχυδρομείο** (ουδ.)	[taxiðromío]
cartero (m)	**ταχυδρόμος** (αρ.)	[taxiðrómos]
horario (m) de apertura	**ώρες λειτουργίας** (θηλ.πλ.)	[óres liturʝías]
carta (f)	**γράμμα** (ουδ.)	[ɣráma]
carta (f) certificada	**συστημένο γράμμα** (ουδ.)	[sistiméno ɣráma]
tarjeta (f) postal	**κάρτα** (θηλ.)	[kárta]
telegrama (m)	**τηλεγράφημα** (ουδ.)	[tileɣráfima]
paquete (m) postal	**δέμα** (ουδ.)	[ðéma]
giro (m) postal	**έμβασμα** (ουδ.)	[émvazma]
recibir (vt)	**λαμβάνω**	[lʲamváno]
enviar (vt)	**στέλνω**	[stélʲno]
envío (m)	**αποστολή** (θηλ.)	[apostolí]
dirección (f)	**διεύθυνση** (θηλ.)	[ðiéfθinsi]
código (m) postal	**ταχυδρομικός κώδικας** (αρ.)	[taxiðromikós kóðikas]
expedidor (m)	**αποστολέας** (αρ.)	[apostoléas]
destinatario (m)	**παραλήπτης** (αρ.)	[paralíptis]
nombre (m)	**όνομα** (ουδ.)	[ónoma]
apellido (m)	**επώνυμο** (ουδ.)	[epónimo]
tarifa (f)	**ταχυδρομικό τέλος** (ουδ.)	[taxiðromikó télʲos]
ordinario (adj)	**κανονικός**	[kanonikós]
económico (adj)	**οικονομικός**	[ikonomikós]
peso (m)	**βάρος** (ουδ.)	[város]
pesar (~ una carta)	**ζυγίζω**	[ziʝízo]
sobre (m)	**φάκελος** (αρ.)	[fákelʲos]

sello (m)	**γραμματόσημο** (ουδ.)	[ɣramatósimo]
poner un sello	**βάζω γραμματόσημο**	[vázo ɣramatósimo]

43. La banca

banco (m)	**τράπεζα** (θηλ.)	[trápeza]
sucursal (f)	**κατάστημα** (ουδ.)	[katástima]
consultor (m)	**υπάλληλος** (αρ.)	[ipálilʲos]
gerente (m)	**διευθυντής** (αρ.)	[ðiefθindís]
cuenta (f)	**λογαριασμός** (αρ.)	[lʲoɣariazmós]
numero (m) de la cuenta	**αριθμός λογαριασμού** (αρ.)	[ariθmós lʲoɣariazmú]
cuenta (f) corriente	**τρεχούμενος λογαριασμός** (αρ.)	[trexúmenos lʲoɣariazmós]
abrir una cuenta	**ανοίγω λογαριασμό**	[aníɣo lʲoɣariazmó]
cerrar la cuenta	**κλείνω λογαριασμό**	[klíno lʲoɣariazmó]
ingresar en la cuenta	**καταθέτω στο λογαριασμό**	[kataθéto sto lʲoɣariazmó]
sacar de la cuenta	**κάνω ανάληψη**	[káno análipsi]
depósito (m)	**κατάθεση** (θηλ.)	[katáθesi]
hacer un depósito	**καταθέτω**	[kataθéto]
giro (m) bancario	**έμβασμα** (ουδ.)	[émvazma]
hacer un giro	**εμβάζω**	[emvázo]
suma (f)	**ποσό** (ουδ.)	[posó]
¿Cuánto?	**Πόσο κάνει;**	póso káni?
firma (f) (nombre)	**υπογραφή** (θηλ.)	[ipoɣrafí]
firmar (vt)	**υπογράφω**	[ipoɣráfo]
tarjeta (f) de crédito	**πιστωτική κάρτα** (θηλ.)	[pistotikí kárta]
código (m)	**κωδικός** (αρ.)	[koðikós]
número (m) de tarjeta de crédito	**αριθμός πιστωτικής κάρτας** (αρ.)	[ariθmós pistotikís kártas]
cajero (m) automático	**ATM** (ουδ.)	[eitiém]
cheque (m)	**επιταγή** (θηλ.)	[epitaʝí]
sacar un cheque	**κόβω επιταγή**	[kóvo epitaʝí]
talonario (m)	**βιβλιάριο επιταγών** (ουδ.)	[vivliário epitaɣón]
crédito (m)	**δάνειο** (ουδ.)	[ðánio]
pedir el crédito	**υποβάλλω αίτηση για δάνειο**	[ipovális étisi ʝa ðánio]
obtener un crédito	**παίρνω δάνειο**	[pérno ðánio]
conceder un crédito	**παρέχω δάνειο**	[paréxo ðánio]

44. El teléfono. Las conversaciones telefónicas

teléfono (m)	**τηλέφωνο** (ουδ.)	[tiléfono]
teléfono (m) móvil	**κινητό τηλέφωνο** (ουδ.)	[kinitó tiléfono]
contestador (m)	**τηλεφωνητής** (αρ.)	[tilefonitís]
llamar, telefonear	**τηλεφωνώ**	[tilefonó]
llamada (f)	**κλήση** (θηλ.)	[klísi]
marcar un número	**καλώ έναν αριθμό**	[kalʲó énan ariθmó]
¿Sí?, ¿Dígame?	**Εμπρός!**	[embrós]
preguntar (vt)	**ρωτάω**	[rotáo]
responder (vi, vt)	**απαντώ**	[apandó]
oír (vt)	**ακούω**	[akúo]
bien (adv)	**καλά**	[kalʲá]
mal (adv)	**χάλια**	[xália]
ruidos (m pl)	**παρεμβολές** (θηλ.πλ.)	[paremvolés]
auricular (m)	**ακουστικό** (ουδ.)	[akustikó]
descolgar (el teléfono)	**σηκώνω το ακουστικό**	[sikóno to akustikó]
colgar el auricular	**κλείνω το τηλεφώνο**	[klíno to tiléfono]
ocupado (adj)	**κατειλημμένος**	[katiliménos]
sonar (teléfono)	**χτυπάω**	[xtipáo]
guía (f) de teléfonos	**τηλεφωνικός κατάλογος** (αρ.)	[tilefonikós katálʲoɣos]
local (adj)	**τοπική**	[topikí]
de larga distancia	**υπεραστική**	[iperastikí]
internacional (adj)	**διεθνής**	[ðieθnís]

45. El teléfono celular

teléfono (m) móvil	**κινητό τηλέφωνο** (ουδ.)	[kinitó tiléfono]
pantalla (f)	**οθόνη** (θηλ.)	[oθóni]
botón (m)	**κουμπί** (ουδ.)	[kumbí]
tarjeta SIM (f)	**κάρτα SIM** (θηλ.)	[kárta sim]
pila (f)	**μπαταρία** (θηλ.)	[batarία]
descargarse (vr)	**εξαντλούμαι**	[eksantlʲúme]
cargador (m)	**φορτιστής** (αρ.)	[fortistís]
menú (m)	**μενού** (ουδ.)	[menú]
preferencias (f pl)	**ρυθμίσεις** (θηλ.πλ.)	[riθmísis]
melodía (f)	**μελωδία** (θηλ.)	[melʲoðía]
seleccionar (vt)	**επιλέγω**	[epiléɣo]
calculadora (f)	**αριθμομηχανή** (θηλ.)	[ariθmomixaní]
contestador (m)	**τηλεφωνητής** (αρ.)	[tilefonitís]

despertador (m)	**ξυπνητήρι** (ουδ.)	[ksipnitíri]
contactos (m pl)	**επαφές** (θηλ.πλ.)	[epafés]
mensaje (m) de texto	**μήνυμα SMS** (ουδ.)	[mínima esemés]
abonado (m)	**συνδρομητής** (αρ.)	[sinðromitís]

46. Los artículos de escritorio. La papelería

bolígrafo (m)	**στιλό διαρκείας** (ουδ.)	[stilʲó ðiarkías]
pluma (f) estilográfica	**πέννα** (θηλ.)	[péna]
lápiz (m)	**μολύβι** (ουδ.)	[molívi]
marcador (m)	**μαρκαδόρος** (αρ.)	[markaðóros]
rotulador (m)	**μαρκαδόρος** (αρ.)	[markaðóros]
bloc (m) de notas	**μπλοκ** (ουδ.)	[blʲok]
agenda (f)	**ατζέντα** (θηλ.)	[adzénda]
regla (f)	**χάρακας** (αρ.)	[xárakas]
calculadora (f)	**αριθμομηχανή** (θηλ.)	[ariθmomixaní]
goma (f) de borrar	**γόμα** (θηλ.)	[ɣóma]
chincheta (f)	**πινέζα** (θηλ.)	[pinéza]
clip (m)	**συνδετήρας** (αρ.)	[sinðetíras]
cola (f), pegamento (m)	**κόλλα** (θηλ.)	[kólʲa]
grapadora (f)	**συρραπτικό** (ουδ.)	[siraptikó]
perforador (m)	**περφορατέρ** (ουδ.)	[perforatér]
sacapuntas (m)	**ξύστρα** (θηλ.)	[ksístra]

47. Los idiomas extranjeros

lengua (f)	**γλώσσα** (θηλ.)	[ɣlʲósa]
lengua (f) extranjera	**ξένη γλώσσα** (θηλ.)	[kséni ɣlósa]
estudiar (vt)	**μελετάω**	[meletáo]
aprender (ingles, etc.)	**μαθαίνω**	[maθéno]
leer (vi, vt)	**διαβάζω**	[ðiavázo]
hablar (vi, vt)	**μιλάω**	[milʲáo]
comprender (vt)	**καταλαβαίνω**	[katalʲavéno]
escribir (vt)	**γράφω**	[ɣráfo]
rápidamente (adv)	**γρήγορα**	[ɣríɣora]
lentamente (adv)	**αργά**	[arɣá]
con fluidez (adv)	**ευφράδεια**	[effráðia]
reglas (f pl)	**κανόνες** (αρ.πλ.)	[kanónes]
gramática (f)	**γραμματική** (θηλ.)	[ɣramatikí]
vocabulario (m)	**λεξιλόγιο** (ουδ.)	[leksilʲóʝo]

fonética (f)	**φωνητική** (θηλ.)	[fonitikí]
manual (m)	**σχολικό βιβλίο** (ουδ.)	[sxolikó vivlío]
diccionario (m)	**λεξικό** (ουδ.)	[leksikó]
manual (m) autodidáctico	**εγχειρίδιο αυτοδιδασκαλίας** (ουδ.)	[enxiríðio aftoðiðaskalías]
guía (f) de conversación	**βιβλίο φράσεων** (ουδ.)	[vivlío fráseon]
casete (m)	**κασέτα** (θηλ.)	[kaséta]
videocasete (f)	**βιντεοκασέτα** (θηλ.)	[videokaséta]
disco compacto, CD (m)	**συμπαγής δίσκος** (αρ.)	[simpajís ðískos]
DVD (m)	**DVD** (ουδ.)	[dividí]
alfabeto (m)	**αλφάβητος** (θηλ.)	[alʲfávitos]
pronunciación (f)	**προφορά** (θηλ.)	[proforá]
acento (m)	**προφορά** (θηλ.)	[proforá]
con acento	**με προφορά**	[me proforá]
sin acento	**χωρίς προφορά**	[xorís proforá]
palabra (f)	**λέξη** (θηλ.)	[léksi]
significado (m)	**σημασία** (θηλ.)	[simasía]
cursos (m pl)	**μαθήματα** (ουδ.πλ.)	[maθímata]
inscribirse (vr)	**γράφομαι**	[ɣráfome]
profesor (m) (~ de inglés)	**καθηγητής** (αρ.)	[kaθijitís]
traducción (f) (proceso)	**μετάφραση** (θηλ.)	[metáfrasi]
traducción (f) (texto)	**μετάφραση** (θηλ.)	[metáfrasi]
traductor (m)	**μεταφραστής** (αρ.)	[metafrastís]
intérprete (m)	**διερμηνέας** (αρ.)	[ðierminéas]
políglota (m)	**πολύγλωσσος** (αρ.)	[políɣlʲosos]
memoria (f)	**μνήμη** (θηλ.)	[mními]

T&P BOOKS

LAS COMIDAS.
EL RESTAURANTE

T&P Books Publishing

48. Los cubiertos

cuchara (f)	**κουτάλι** (ουδ.)	[kutáli]
cuchillo (m)	**μαχαίρι** (ουδ.)	[maxéri]
tenedor (m)	**πιρούνι** (ουδ.)	[pirúni]
taza (f)	**φλιτζάνι** (ουδ.)	[flidzáni]
plato (m)	**πιάτο** (ουδ.)	[piáto]
platillo (m)	**πιατάκι** (ουδ.)	[piatáki]
servilleta (f)	**χαρτοπετσέτα** (θηλ.)	[xartopetséta]
mondadientes (m)	**οδοντογλυφίδα** (θηλ.)	[oðondoɣlifíða]

49. El restaurante

restaurante (m)	**εστιατόριο** (ουδ.)	[estiatório]
cafetería (f)	**καφετέρια** (θηλ.)	[kafetéria]
bar (m)	**μπαρ** (ουδ.), **μπυραρία** (θηλ.)	[bar], [biraría]
salón (m) de té	**τσαγερί** (θηλ.)	[tsaʝerí]
camarero (m)	**σερβιτόρος** (αρ.)	[servitóros]
camarera (f)	**σερβιτόρα** (θηλ.)	[servitóra]
barman (m)	**μπάρμαν** (αρ.)	[bárman]
carta (f), menú (m)	**κατάλογος** (αρ.)	[katál^{j}oɣos]
carta (f) de vinos	**κατάλογος κρασιών** (αρ.)	[katál^{j}oɣos krasión]
reservar una mesa	**κλείνω τραπέζι**	[klíno trapézi]
plato (m)	**πιάτο** (ουδ.)	[piáto]
pedir (vt)	**παραγγέλνω**	[parangél^{j}no]
hacer un pedido	**κάνω παραγγελία**	[káno parangelía]
aperitivo (m)	**απεριτίφ** (ουδ.)	[aperitíf]
entremés (m)	**ορεκτικό** (ουδ.)	[orektikó]
postre (m)	**επιδόρπιο** (ουδ.)	[epiðórpio]
cuenta (f)	**λογαριασμός** (αρ.)	[l^{j}oɣariazmós]
pagar la cuenta	**πληρώνω λογαριασμό**	[pliróno l^{j}oɣariazmó]
dar la vuelta	**δίνω τα ρέστα**	[ðíno ta résta]
propina (f)	**πουρμπουάρ** (ουδ.)	[purbuár]

50. Las comidas

comida (f)	**τροφή** (θηλ.), **φαγητό** (ουδ.)	[trofí], [fajitó]
comer (vi, vt)	**τρώω**	[tróo]
desayuno (m)	**πρωινό** (ουδ.)	[proinó]
desayunar (vi)	**παίρνω πρωινό**	[pérno proinó]
almuerzo (m)	**μεσημεριανό** (ουδ.)	[mesimerianó]
almorzar (vi)	**τρώω μεσημεριανό**	[tróo mesimerianó]
cena (f)	**δείπνο** (ουδ.)	[ðípno]
cenar (vi)	**τρώω βραδινό**	[tróo vraðinó]
apetito (m)	**όρεξη** (θηλ.)	[óreksi]
¡Que aproveche!	**Καλή όρεξη!**	[kalí óreksi]
abrir (vt)	**ανοίγω**	[aníɣo]
derramar (líquido)	**χύνω**	[xíno]
derramarse (líquido)	**χύνομαι**	[xínome]
hervir (vi)	**βράζω**	[vrázo]
hervir (vt)	**βράζω**	[vrázo]
hervido (agua ~a)	**βρασμένος**	[vrazménos]
enfriar (vt)	**κρυώνω**	[krióno]
enfriarse (vr)	**κρυώνω**	[krióno]
sabor (m)	**γεύση** (θηλ.)	[jéfsi]
regusto (m)	**επίγευση** (θηλ.)	[epíjefsi]
adelgazar (vi)	**αδυνατίζω**	[aðinatízo]
dieta (f)	**δίαιτα** (θηλ.)	[ðíeta]
vitamina (f)	**βιταμίνη** (θηλ.)	[vitamíni]
caloría (f)	**θερμίδα** (θηλ.)	[θermíða]
vegetariano (m)	**χορτοφάγος** (αρ.)	[xortofáɣos]
vegetariano (adj)	**χορτοφάγος**	[xortofáɣos]
grasas (f pl)	**λίπη** (ουδ.πλ.)	[lípi]
proteínas (f pl)	**πρωτεΐνες** (θηλ.πλ.)	[proteínes]
carbohidratos (m pl)	**υδατάνθρακες** (αρ.πλ.)	[iðatánθrakes]
loncha (f)	**φέτα** (θηλ.)	[féta]
pedazo (m)	**κομμάτι** (ουδ.)	[komáti]
miga (f)	**ψίχουλο** (ουδ.)	[psíxulʲo]

51. Los platos

plato (m)	**πιάτο** (ουδ.)	[piáto]
cocina (f)	**κουζίνα** (θηλ.)	[kuzína]
receta (f)	**συνταγή** (θηλ.)	[sindají]
porción (f)	**μερίδα** (θηλ.)	[meríða]
ensalada (f)	**σαλάτα** (θηλ.)	[salʲáta]

sopa (f)	σούπα (θηλ.)	[súpa]
caldo (m)	ζωμός (αρ.)	[zomós]
bocadillo (m)	σάντουιτς (ουδ.)	[sánduits]
huevos (m pl) fritos	τηγανητά αυγά (ουδ.πλ.)	[tiɣanitá avɣá]
hamburguesa (f)	χάμπουργκερ (ουδ.)	[xámburger]
bistec (m)	μπριζόλα (θηλ.)	[brizólʲa]
guarnición (f)	συνοδευτικό πιάτο (ουδ.)	[sinoðeftikó piáto]
espagueti (m)	σπαγγέτι (ουδ.)	[spagéti]
puré (m) de patatas	πουρές (αρ.)	[purés]
pizza (f)	πίτσα (θηλ.)	[pítsa]
tortilla (f) francesa	ομελέτα (θηλ.)	[omeléta]
cocido en agua (adj)	βραστός	[vrastós]
ahumado (adj)	καπνιστός	[kapnistós]
frito (adj)	τηγανητός	[tiɣanitós]
seco (adj)	αποξηραμένος	[apoksiraménos]
congelado (adj)	κατεψυγμένος	[katepsiɣménos]
marinado (adj)	τουρσί	[tursí]
azucarado, dulce (adj)	γλυκός	[ɣlikós]
salado (adj)	αλμυρός	[alʲmirós]
frío (adj)	κρύος	[kríos]
caliente (adj)	ζεστός	[zestós]
amargo (adj)	πικρός	[pikrós]
sabroso (adj)	νόστιμος	[nóstimos]
cocer en agua	βράζω	[vrázo]
preparar (la cena)	μαγειρεύω	[majirévo]
freír (vt)	τηγανίζω	[tiɣanízo]
calentar (vt)	ζεσταίνω	[zesténo]
salar (vt)	αλατίζω	[alʲatízo]
poner pimienta	πιπερώνω	[piperóno]
rallar (vt)	τρίβω	[trívo]
piel (f)	φλούδα (θηλ.)	[flʲúða]
pelar (vt)	καθαρίζω	[kaθarízo]

52. La comida

carne (f)	κρέας (ουδ.)	[kréas]
gallina (f)	κότα (θηλ.)	[kóta]
pollo (m)	κοτόπουλο (ουδ.)	[kotópulʲo]
pato (m)	πάπια (θηλ.)	[pápia]
ganso (m)	χήνα (θηλ.)	[xína]
caza (f) menor	θήραμα (ουδ.)	[θírama]
pava (f)	γαλοπούλα (θηλ.)	[ɣalʲopúlʲa]
carne (f) de cerdo	χοιρινό κρέας (ουδ.)	[xirinó kréas]
carne (f) de ternera	μοσχαρίσιο κρέας (ουδ.)	[mosxarísio kréas]

carne (f) de carnero	αρνήσιο κρέας (ουδ.)	[arnísio kréas]
carne (f) de vaca	βοδινό κρέας (ουδ.)	[voðinó kréas]
conejo (m)	κουνέλι (ουδ.)	[kunéli]

salchichón (m)	λουκάνικο (ουδ.)	[lʲukániko]
salchicha (f)	λουκάνικο (ουδ.)	[lʲukániko]
beicon (m)	μπέικον (ουδ.)	[béjkon]
jamón (m)	ζαμπόν (ουδ.)	[zabón]
jamón (m) fresco	καπνιστό χοιρομέρι (ουδ.)	[kapnistó xiroméri]

paté (m)	πατέ (ουδ.)	[paté]
hígado (m)	συκώτι (ουδ.)	[sikóti]
carne (f) picada	κιμάς (αρ.)	[kimás]
lengua (f)	γλώσσα (θηλ.)	[ɣlʲósa]

huevo (m)	αυγό (ουδ.)	[avɣó]
huevos (m pl)	αυγά (ουδ.πλ.)	[avɣá]
clara (f)	ασπράδι (ουδ.)	[aspráði]
yema (f)	κρόκος (αρ.)	[krókos]

pescado (m)	ψάρι (ουδ.)	[psári]
mariscos (m pl)	θαλασσινά (θηλ.πλ.)	[θalʲasiná]
caviar (m)	χαβιάρι (ουδ.)	[xaviári]

cangrejo (m) de mar	καβούρι (ουδ.)	[kavúri]
camarón (m)	γαρίδα (θηλ.)	[ɣaríða]
ostra (f)	στρείδι (ουδ.)	[stríði]
langosta (f)	ακανθωτός αστακός (αρ.)	[akanθotós astakós]
pulpo (m)	χταπόδι (ουδ.)	[xtapóði]
calamar (m)	καλαμάρι (ουδ.)	[kalʲamári]

esturión (m)	οξύρυγχος (αρ.)	[oksírinxos]
salmón (m)	σολομός (αρ.)	[solʲomós]
fletán (m)	ιππόγλωσσος (αρ.)	[ipóɣlʲosos]

bacalao (m)	μπακαλιάρος (αρ.)	[bakaliáros]
caballa (f)	σκουμπρί (ουδ.)	[skumbrí]
atún (m)	τόνος (αρ.)	[tónos]
anguila (f)	χέλι (ουδ.)	[xéli]

trucha (f)	πέστροφα (θηλ.)	[péstrofa]
sardina (f)	σαρδέλα (θηλ.)	[sarðélʲa]
lucio (m)	λούτσος (αρ.)	[lʲútsos]
arenque (m)	ρέγγα (θηλ.)	[rénga]

pan (m)	ψωμί (ουδ.)	[psomí]
queso (m)	τυρί (ουδ.)	[tirí]
azúcar (m)	ζάχαρη (θηλ.)	[záxari]
sal (f)	αλάτι (ουδ.)	[alʲáti]

arroz (m)	ρύζι (ουδ.)	[rízi]
macarrones (m pl)	ζυμαρικά (ουδ.πλ.)	[zimariká]

tallarines (m pl)	**νουντλς** (ουδ.πλ.)	[nudls]
mantequilla (f)	**βούτυρο** (ουδ.)	[vútiro]
aceite (m) vegetal	**φυτικό λάδι** (ουδ.)	[fitikó lʲáði]
aceite (m) de girasol	**ηλιέλαιο** (ουδ.)	[iliéleo]
margarina (f)	**μαργαρίνη** (θηλ.)	[maryaríni]
olivas, aceitunas (f pl)	**ελιές** (θηλ.πλ.)	[eliés]
aceite (m) de oliva	**ελαιόλαδο** (ουδ.)	[eleólʲaðo]
leche (f)	**γάλα** (ουδ.)	[ɣálʲa]
leche (f) condensada	**συμπυκνωμένο γάλα** (ουδ.)	[simbiknoméno ɣálʲa]
yogur (m)	**γιαούρτι** (ουδ.)	[ʝaúrti]
nata (f) agria	**ξινή κρέμα** (θηλ.)	[ksiní kréma]
nata (f) líquida	**κρέμα γάλακτος** (θηλ.)	[kréma ɣálʲaktos]
mayonesa (f)	**μαγιονέζα** (θηλ.)	[maʝonéza]
crema (f) de mantequilla	**κρέμα** (θηλ.)	[kréma]
cereales (m pl) integrales	**πλιγούρι** (ουδ.)	[pliɣúri]
harina (f)	**αλεύρι** (ουδ.)	[alévri]
conservas (f pl)	**κονσέρβες** (θηλ.πλ.)	[konsérves]
copos (m pl) de maíz	**κορν φλέικς** (ουδ.πλ.)	[kornfléjks]
miel (f)	**μέλι** (ουδ.)	[méli]
confitura (f)	**μαρμελάδα** (θηλ.)	[marmelʲáða]
chicle (m)	**τσίχλα** (θηλ.)	[tsíxlʲa]

53. Las bebidas

agua (f)	**νερό** (ουδ.)	[neró]
agua (f) potable	**πόσιμο νερό** (ουδ.)	[pósimo neró]
agua (f) mineral	**μεταλλικό νερό** (ουδ.)	[metalikó neró]
sin gas	**χωρίς ανθρακικό**	[xorís anθrakikó]
gaseoso (adj)	**ανθρακούχος**	[anθrakúxos]
con gas	**ανθρακούχο**	[anθrakúxo]
hielo (m)	**πάγος** (αρ.)	[páɣos]
con hielo	**με πάγο**	[me páɣo]
sin alcohol	**χωρίς αλκοόλ**	[xorís alʲkoólʲ]
bebida (f) sin alcohol	**αναψυκτικό** (ουδ.)	[anapsiktikó]
refresco (m)	**αναψυκτικό** (ουδ.)	[anapsiktikó]
limonada (f)	**λεμονάδα** (θηλ.)	[lemonáða]
bebidas (f pl) alcohólicas	**αλκοολούχα ποτά** (ουδ.πλ.)	[alʲkoolʲúxa potá]
vino (m)	**κρασί** (ουδ.)	[krasí]
vino (m) blanco	**λευκό κρασί** (ουδ.)	[lefkó krasí]
vino (m) tinto	**κόκκινο κρασί** (ουδ.)	[kókino krasí]
licor (m)	**λικέρ** (ουδ.)	[likér]

| champaña (f) | σαμπάνια (θηλ.) | [sambánia] |
| vermú (m) | βερμούτ (ουδ.) | [vermút] |

whisky (m)	ουίσκι (ουδ.)	[wíski]
vodka (m)	βότκα (θηλ.)	[vótka]
ginebra (f)	τζιν (ουδ.)	[dzin]
coñac (m)	κονιάκ (ουδ.)	[konják]
ron (m)	ρούμι (ουδ.)	[rúmi]

café (m)	καφές (αρ.)	[kafés]
café (m) solo	σκέτος καφές (αρ.)	[skétos kafés]
café (m) con leche	καφές με γάλα (αρ.)	[kafés me ɣálʲa]
capuchino (m)	καπουτσίνο (αρ.)	[kaputsíno]
café (m) soluble	στιγμιαίος καφές (αρ.)	[stiɣmiéos kafes]

leche (f)	γάλα (ουδ.)	[ɣálʲa]
cóctel (m)	κοκτέιλ (ουδ.)	[koktéjlʲ]
batido (m)	μιλκσέικ (ουδ.)	[milʲkséjk]

zumo (m), jugo (m)	χυμός (αρ.)	[ximós]
jugo (m) de tomate	χυμός ντομάτας (αρ.)	[ximós domátas]
zumo (m) de naranja	χυμός πορτοκαλιού (αρ.)	[ximós portokaliú]
zumo (m) fresco	φρέσκος χυμός (αρ.)	[fréskos ximós]

cerveza (f)	μπύρα (θηλ.)	[bíra]
cerveza (f) rubia	ανοιχτόχρωμη μπύρα (θηλ.)	[anixtóxromi bíra]
cerveza (f) negra	σκούρα μπύρα (θηλ.)	[skúra bíra]

té (m)	τσάι (ουδ.)	[tsáj]
té (m) negro	μαύρο τσάι (ουδ.)	[mávro tsaj]
té (m) verde	πράσινο τσάι (ουδ.)	[prásino tsaj]

54. Las verduras

| legumbres (f pl) | λαχανικά (ουδ.πλ.) | [lʲaxaniká] |
| verduras (f pl) | χόρτα (ουδ.) | [xórta] |

tomate (m)	ντομάτα (θηλ.)	[domáta]
pepino (m)	αγγούρι (ουδ.)	[angúri]
zanahoria (f)	καρότο (ουδ.)	[karóto]
patata (f)	πατάτα (θηλ.)	[patáta]
cebolla (f)	κρεμμύδι (ουδ.)	[kremíði]
ajo (m)	σκόρδο (ουδ.)	[skórðo]

col (f)	λάχανο (ουδ.)	[lʲáxano]
coliflor (f)	κουνουπίδι (ουδ.)	[kunupíði]
col (f) de Bruselas	λαχανάκι Βρυξελλών (ουδ.)	[lʲaxanáki vrikselʲón]
brócoli (m)	μπρόκολο (ουδ.)	[brókolʲo]

remolacha (f)	**παντζάρι** (ουδ.)	[pandzári]
berenjena (f)	**μελιτζάνα** (θηλ.)	[melidzána]
calabacín (m)	**κολοκύθι** (ουδ.)	[kolʲokíθi]
calabaza (f)	**κολοκύθα** (θηλ.)	[kolʲokíθa]
nabo (m)	**γογγύλι** (ουδ.), **ρέβα** (θηλ.)	[ɣongíli], [réva]

perejil (m)	**μαϊντανός** (αρ.)	[majdanós]
eneldo (m)	**άνηθος** (αρ.)	[ániθos]
lechuga (f)	**μαρούλι** (ουδ.)	[marúli]
apio (m)	**σέλινο** (ουδ.)	[sélino]
espárrago (m)	**σπαράγγι** (ουδ.)	[sparángi]
espinaca (f)	**σπανάκι** (ουδ.)	[spanáki]

guisante (m)	**αρακάς** (αρ.)	[arakás]
habas (f pl)	**κουκί** (ουδ.)	[kukí]
maíz (m)	**καλαμπόκι** (ουδ.)	[kalʲambóki]
fréjol (m)	**κόκκινο φασόλι** (ουδ.)	[kókino fasóli]

pimiento (m) dulce	**πιπεριά** (θηλ.)	[piperiá]
rábano (m)	**ρεπανάκι** (ουδ.)	[repanáki]
alcachofa (f)	**αγκινάρα** (θηλ.)	[anginára]

55. Las frutas. Las nueces

fruto (m)	**φρούτο** (ουδ.)	[frúto]
manzana (f)	**μήλο** (ουδ.)	[mílʲo]
pera (f)	**αχλάδι** (ουδ.)	[axlʲáði]
limón (m)	**λεμόνι** (ουδ.)	[lemóni]
naranja (f)	**πορτοκάλι** (ουδ.)	[portokáli]
fresa (f)	**φράουλα** (θηλ.)	[fráulʲa]

mandarina (f)	**μανταρίνι** (ουδ.)	[mandaríni]
ciruela (f)	**δαμάσκηνο** (ουδ.)	[ðamáskino]
melocotón (m)	**ροδάκινο** (ουδ.)	[roðákino]
albaricoque (m)	**βερίκοκο** (ουδ.)	[veríkoko]
frambuesa (f)	**σμέουρο** (ουδ.)	[zméuro]
piña (f)	**ανανάς** (αρ.)	[ananás]

banana (f)	**μπανάνα** (θηλ.)	[banána]
sandía (f)	**καρπούζι** (ουδ.)	[karpúzi]
uva (f)	**σταφύλι** (ουδ.)	[stafíli]
guinda (f)	**βύσσινο** (ουδ.)	[vísino]
cereza (f)	**κεράσι** (ουδ.)	[kerási]
melón (m)	**πεπόνι** (ουδ.)	[pepóni]

pomelo (m)	**γκρέιπφρουτ** (ουδ.)	[gréjpfrut]
aguacate (m)	**αβοκάντο** (ουδ.)	[avokádo]
papaya (f)	**παπάγια** (θηλ.)	[papája]
mango (m)	**μάγκο** (ουδ.)	[mángo]
granada (f)	**ρόδι** (ουδ.)	[róði]

grosella (f) roja	κόκκινο φραγκοστάφυλο (ουδ.)	[kókino frangostáfilʲo]
grosella (f) negra	μαύρο φραγκοστάφυλο (ουδ.)	[mávro frangostáfilʲo]
grosella (f) espinosa	λαγοκέρασο (ουδ.)	[lʲaɣokéraso]
arándano (m)	μύρτιλλο (ουδ.)	[mírtilʲo]
zarzamoras (f pl)	βατόμουρο (ουδ.)	[vatómuro]
pasas (f pl)	σταφίδα (θηλ.)	[stafíða]
higo (m)	σύκο (ουδ.)	[síko]
dátil (m)	χουρμάς (αρ.)	[xurmás]
cacahuete (m)	φυστίκι (ουδ.)	[fistíki]
almendra (f)	αμύγδαλο (ουδ.)	[amíɣðalʲo]
nuez (f)	καρύδι (ουδ.)	[karíði]
avellana (f)	φουντούκι (ουδ.)	[fundúki]
nuez (f) de coco	καρύδα (θηλ.)	[karíða]
pistachos (m pl)	φυστίκια (ουδ.πλ.)	[fistíkia]

56. El pan. Los dulces

pasteles (m pl)	ζαχαροπλαστική (θηλ.)	[zaxaroplʲastikí]
pan (m)	ψωμί (ουδ.)	[psomí]
galletas (f pl)	μπισκότο (ουδ.)	[biskóto]
chocolate (m)	σοκολάτα (θηλ.)	[sokolʲáta]
de chocolate (adj)	σοκολατένιος	[sokolʲaténios]
caramelo (m)	καραμέλα (θηλ.)	[karamélʲa]
tarta (f) (pequeña)	κέικ (ουδ.)	[kéjk]
tarta (f) (~ de cumpleaños)	τούρτα (θηλ.)	[túrta]
tarta (f) (~ de manzana)	πίτα (θηλ.)	[píta]
relleno (m)	γέμιση (θηλ.)	[ʝémisi]
confitura (f)	μαρμελάδα (θηλ.)	[marmelʲáða]
mermelada (f)	μαρμελάδα (θηλ.)	[marmelʲáða]
gofre (m)	γκοφρέτες (θηλ.πλ.)	[gofrétes]
helado (m)	παγωτό (ουδ.)	[paɣotó]

57. Las especias

sal (f)	αλάτι (ουδ.)	[alʲáti]
salado (adj)	αλμυρός	[alʲmirós]
salar (vt)	αλατίζω	[alʲatízo]
pimienta (f) negra	μαύρο πιπέρι (ουδ.)	[mávro pipéri]
pimienta (f) roja	κόκκινο πιπέρι (ουδ.)	[kókino pipéri]
mostaza (f)	μουστάρδα (θηλ.)	[mustárða]

rábano (m) picante	**χρένο** (ουδ.)	[xréno]
condimento (m)	**μπαχαρικό** (ουδ.)	[baxarikó]
especia (f)	**καρύκευμα** (ουδ.)	[karíkevma]
salsa (f)	**σάλτσα** (θηλ.)	[sálʲtsa]
vinagre (m)	**ξίδι** (ουδ.)	[ksíði]
anís (m)	**γλυκάνισος** (αρ.)	[ɣlikánisos]
albahaca (f)	**βασιλικός** (αρ.)	[vasilikós]
clavo (m)	**γαρίφαλο** (ουδ.)	[ɣarífalʲo]
jengibre (m)	**πιπερόριζα** (θηλ.)	[piperóriza]
cilantro (m)	**κόλιανδρος** (αρ.)	[kólianðros]
canela (f)	**κανέλα** (θηλ.)	[kanélʲa]
sésamo (m)	**σουσάμι** (ουδ.)	[susámi]
hoja (f) de laurel	**φύλλο δάφνης** (ουδ.)	[fílʲo ðáfnis]
paprika (f)	**πάπρικα** (θηλ.)	[páprika]
comino (m)	**κύμινο** (ουδ.)	[kímino]
azafrán (m)	**σαφράν** (ουδ.)	[safrán]

LA INFORMACIÓN PERSONAL. LA FAMILIA

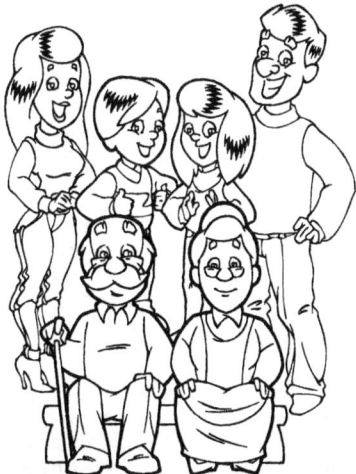

T&P Books Publishing

58. La información personal. Los formularios

nombre (m)	**όνομα** (ουδ.)	[ónoma]
apellido (m)	**επώνυμο** (ουδ.)	[epónimo]
fecha (f) de nacimiento	**ημερομηνία γέννησης** (θηλ.)	[imerominía ʝénisis]
lugar (m) de nacimiento	**τόπος γέννησης** (αρ.)	[tópos ʝénisis]
nacionalidad (f)	**εθνικότητα** (θηλ.)	[eθnikótita]
domicilio (m)	**τόπος διαμονής** (αρ.)	[tópos ðiamonís]
país (m)	**χώρα** (θηλ.)	[xóra]
profesión (f)	**επάγγελμα** (ουδ.)	[epángelʲma]
sexo (m)	**φύλο** (ουδ.)	[fílʲo]
estatura (f)	**ύψος, μπόι** (ουδ.)	[ípsos], [bói]
peso (m)	**βάρος** (ουδ.)	[város]

59. Los familiares. Los parientes

madre (f)	**μητέρα** (θηλ.)	[mitéra]
padre (m)	**πατέρας** (αρ.)	[patéras]
hijo (m)	**γιός** (αρ.)	[ʝos]
hija (f)	**κόρη** (θηλ.)	[kóri]
hija (f) menor	**μικρότερη κόρη** (ουδ.)	[mikróteri kóri]
hijo (m) menor	**μικρότερος γιός** (αρ.)	[mikróteros ʝos]
hija (f) mayor	**μεγαλύτερη κόρη** (θηλ.)	[meɣalíteri kóri]
hijo (m) mayor	**μεγαλύτερος γιός** (αρ.)	[meɣalíteros ʝiós]
hermano (m)	**αδερφός** (αρ.)	[aðerfós]
hermana (f)	**αδερφή** (θηλ.)	[aðerfí]
primo (m)	**ξάδερφος** (αρ.)	[ksáðerfos]
prima (f)	**ξαδέρφη** (θηλ.)	[ksaðérfi]
mamá (f)	**μαμά** (θηλ.)	[mamá]
papá (m)	**μπαμπάς** (αρ.)	[babás]
padres (pl)	**γονείς** (αρ.πλ.)	[ɣonís]
niño -a (m, f)	**παιδί** (ουδ.)	[peðí]
niños (pl)	**παιδιά** (ουδ.πλ.)	[peðiá]
abuela (f)	**γιαγιά** (θηλ.)	[ʝaʝá]
abuelo (m)	**παππούς** (αρ.)	[papús]
nieto (m)	**εγγονός** (αρ.)	[engonós]
nieta (f)	**εγγονή** (θηλ.)	[engoní]

nietos (pl)	**εγγόνια** (ουδ.πλ.)	[engónia]
tío (m)	**θείος** (αρ.)	[θíos]
tía (f)	**θεία** (θηλ.)	[θía]
sobrino (m)	**ανιψιός** (αρ.)	[anipsiós]
sobrina (f)	**ανιψιά** (θηλ.)	[anipsiá]
suegra (f)	**πεθερά** (θηλ.)	[peθerá]
suegro (m)	**πεθερός** (αρ.)	[peθerós]
yerno (m)	**γαμπρός** (αρ.)	[ɣambrós]
madrastra (f)	**μητριά** (θηλ.)	[mitriá]
padrastro (m)	**πατριός** (αρ.)	[patriós]
niño (m) de pecho	**βρέφος** (ουδ.)	[vréfos]
bebé (m)	**βρέφος** (ουδ.)	[vréfos]
chico (m)	**νήπιο** (ουδ.)	[nípio]
mujer (f)	**γυναίκα** (θηλ.)	[ʝinéka]
marido (m)	**άνδρας** (αρ.)	[ánðras]
esposo (m)	**σύζυγος** (αρ.)	[síziɣos]
esposa (f)	**σύζυγος** (θηλ.)	[síziɣos]
casado (adj)	**παντρεμένος**	[pandreménos]
casada (adj)	**παντρεμένη**	[pandreméni]
soltero (adj)	**ανύπαντρος**	[anípandros]
soltero (m)	**εργένης** (αρ.)	[erʝénis]
divorciado (adj)	**χωρισμένος**	[xorizménos]
viuda (f)	**χήρα** (θηλ.)	[xíra]
viudo (m)	**χήρος** (αρ.)	[xíros]
pariente (m)	**συγγενής** (αρ.)	[singenís]
pariente (m) cercano	**κοντινός συγγενής** (αρ.)	[kondinós singenís]
pariente (m) lejano	**μακρινός συγγενής** (αρ.)	[makrinós singenís]
parientes (pl)	**συγγενείς** (αρ.πλ.)	[singenís]
huérfano (m), huérfana (f)	**ορφανό** (ουδ.)	[orfanó]
tutor (m)	**κηδεμόνας** (αρ.)	[kiðemónas]
adoptar (un niño)	**υιοθετώ**	[ioθetó]
adoptar (una niña)	**υιοθετώ**	[ioθetó]

60. Los amigos. Los compañeros del trabajo

amigo (m)	**φίλος** (αρ.)	[fílʲos]
amiga (f)	**φίλη** (θηλ.)	[fíli]
amistad (f)	**φιλία** (θηλ.)	[filía]
ser amigo	**κάνω φιλία**	[káno filía]
amigote (m)	**φίλος** (αρ.)	[fílʲos]
amiguete (f)	**φιλενάδα** (θηλ.)	[filenáða]
compañero (m)	**συνέταιρος** (αρ.)	[sinéteros]
jefe (m)	**αφεντικό** (ουδ.)	[afendikó]

superior (m)	**προϊστάμενος** (αρ.)	[projstámenos]
subordinado (m)	**υφιστάμενος** (αρ.)	[ifistámenos]
colega (m, f)	**συνεργάτης** (αρ.)	[sineryátis]
conocido (m)	**γνωστός** (αρ.)	[ɣnostós]
compañero (m) de viaje	**συνταξιδιώτης** (αρ.)	[sindaksiðiótis]
condiscípulo (m)	**συμμαθητής** (αρ.)	[simaθitís]
vecino (m)	**γείτονας** (αρ.)	[jítonas]
vecina (f)	**γειτόνισσα** (θηλ.)	[jitónisa]
vecinos (pl)	**γείτονες** (αρ.πλ.)	[jítones]

EL CUERPO. LA MEDICINA

T&P Books Publishing

61. La cabeza

cabeza (f)	**κεφάλι** (ουδ.)	[kefáli]
cara (f)	**πρόσωπο** (ουδ.)	[prósopo]
nariz (f)	**μύτη** (θηλ.)	[míti]
boca (f)	**στόμα** (ουδ.)	[stóma]
ojo (m)	**μάτι** (ουδ.)	[máti]
ojos (m pl)	**μάτια** (ουδ.πλ.)	[mátia]
pupila (f)	**κόρη** (θηλ.)	[kóri]
ceja (f)	**φρύδι** (ουδ.)	[fríði]
pestaña (f)	**βλεφαρίδα** (θηλ.)	[vlefaríða]
párpado (m)	**βλέφαρο** (ουδ.)	[vléfaro]
lengua (f)	**γλώσσα** (θηλ.)	[ɣlʲósa]
diente (m)	**δόντι** (ουδ.)	[ðóndi]
labios (m pl)	**χείλη** (ουδ.πλ.)	[xíli]
pómulos (m pl)	**ζυγωματικά** (ουδ.πλ.)	[ziɣomatiká]
encía (f)	**ούλο** (ουδ.)	[úlʲo]
paladar (m)	**ουρανίσκος** (αρ.)	[uranískos]
ventanas (f pl)	**ρουθούνια** (ουδ.πλ.)	[ruθúnia]
mentón (m)	**πηγούνι** (ουδ.)	[piɣúni]
mandíbula (f)	**σαγόνι** (ουδ.)	[saɣóni]
mejilla (f)	**μάγουλο** (ουδ.)	[máɣulʲo]
frente (f)	**μέτωπο** (ουδ.)	[métopo]
sien (f)	**κρόταφος** (αρ.)	[krótafos]
oreja (f)	**αυτί** (ουδ.)	[aftí]
nuca (f)	**πίσω μέρος του κεφαλιού** (ουδ.)	[píso méros tu kefaliú]
cuello (m)	**αυχένας , σβέρκος** (αρ.)	[afxénas], [svérkos]
garganta (f)	**λαιμός** (αρ.)	[lemós]
pelo, cabello (m)	**μαλλιά** (ουδ.πλ.)	[maliá]
peinado (m)	**χτένισμα** (ουδ.)	[xténizma]
corte (m) de pelo	**κούρεμα** (ουδ.)	[kúrema]
peluca (f)	**περούκα** (θηλ.)	[perúka]
bigote (m)	**μουστάκι** (ουδ.)	[mustáki]
barba (f)	**μούσι** (ουδ.)	[músi]
tener (~ la barba)	**φορώ**	[foró]
trenza (f)	**κοτσίδα** (θηλ.)	[kotsíða]
patillas (f pl)	**φαβορίτες** (θηλ.πλ.)	[favorítes]
pelirrojo (adj)	**κοκκινομάλλης**	[kokinomális]
gris, canoso (adj)	**γκρίζος**	[grízos]

calvo (adj)	**φαλακρός**	[falʲakrós]
calva (f)	**φαλάκρα** (θηλ.)	[falʲákra]
cola (f) de caballo	**αλογοουρά** (θηλ.)	[alʲoɣourá]
flequillo (m)	**φράντζα** (θηλ.)	[frándza]

62. El cuerpo

mano (f)	**χέρι** (ουδ.)	[xéri]
brazo (m)	**χέρι** (ουδ.)	[xéri]
dedo (m)	**δάχτυλο** (ουδ.)	[ðáxtilʲo]
dedo (m) pulgar	**αντίχειρας** (αρ.)	[andíxiras]
dedo (m) meñique	**μικρό δάχτυλο** (ουδ.)	[mikró ðáxtilʲo]
uña (f)	**νύχι** (ουδ.)	[níxi]
puño (m)	**γροθιά** (θηλ.)	[ɣroθxá]
palma (f)	**παλάμη** (θηλ.)	[palʲámi]
muñeca (f)	**καρπός** (αρ.)	[karpós]
antebrazo (m)	**πήχης** (αρ.)	[píxis]
codo (m)	**αγκώνας** (αρ.)	[angónas]
hombro (m)	**ώμος** (αρ.)	[ómos]
pierna (f)	**πόδι** (ουδ.)	[póði]
planta (f)	**πόδι** (ουδ.)	[póði]
rodilla (f)	**γόνατο** (ουδ.)	[ɣónato]
pantorrilla (f)	**γάμπα** (θηλ.)	[ɣámba]
cadera (f)	**γοφός** (αρ.)	[ɣofós]
talón (m)	**φτέρνα** (θηλ.)	[ftérna]
cuerpo (m)	**σώμα** (ουδ.)	[sóma]
vientre (m)	**κοιλιά** (θηλ.)	[kiliá]
pecho (m)	**στήθος** (ουδ.)	[stíθos]
seno (m)	**στήθος** (ουδ.)	[stíθos]
lado (m), costado (m)	**λαγόνα** (θηλ.)	[lʲaɣóna]
espalda (f)	**πλάτη** (θηλ.)	[plʲáti]
zona (f) lumbar	**οσφυική χώρα** (θηλ.)	[osfikí xóra]
cintura (f), talle (m)	**οσφύς** (θηλ.)	[osfís]
ombligo (m)	**ομφαλός** (αρ.)	[omfalʲós]
nalgas (f pl)	**οπίσθια** (ουδ.πλ.)	[opísθxa]
trasero (m)	**πισινός** (αρ.)	[pisinós]
lunar (m)	**ελιά** (θηλ.)	[eliá]
marca (f) de nacimiento	**σημάδι εκ γενετής** (ουδ.)	[simáði ek ʝenetís]
tatuaje (m)	**τατουάζ** (ουδ.)	[tatuáz]
cicatriz (f)	**ουλή** (θηλ.)	[ulí]

63. Las enfermedades

enfermedad (f)	**αρρώστια** (θηλ.)	[aróstia]
estar enfermo	**είμαι άρρωστος**	[íme árostos]
salud (f)	**υγεία** (θηλ.)	[ijía]
resfriado (m) (coriza)	**συνάχι** (ουδ.)	[sináxi]
angina (f)	**αμυγδαλίτιδα** (θηλ.)	[amiɣðalítiða]
resfriado (m)	**κρυολόγημα** (ουδ.)	[krioljójima]
resfriarse (vr)	**κρυολογώ**	[krioljoɣó]
bronquitis (f)	**βρογχίτιδα** (θηλ.)	[vronxítiða]
pulmonía (f)	**πνευμονία** (θηλ.)	[pnevmonía]
gripe (f)	**γρίπη** (θηλ.)	[ɣrípi]
miope (adj)	**μύωπας**	[míopas]
présbita (adj)	**πρεσβύωπας**	[prezvíopas]
estrabismo (m)	**στραβισμός** (αρ.)	[stravizmós]
estrábico (m) (adj)	**αλλήθωρος**	[alíθoros]
catarata (f)	**καταρράκτης** (αρ.)	[kataráktis]
glaucoma (m)	**γλαύκωμα** (ουδ.)	[ɣljáfkoma]
insulto (m)	**αποπληξία** (θηλ.)	[apopliksía]
ataque (m) cardiaco	**έμφραγμα** (ουδ.)	[émfraɣma]
infarto (m) de miocardio	**έμφραγμα του μυοκαρδίου** (ουδ.)	[émfraɣma tu miokarðíu]
parálisis (f)	**παράλυση** (θηλ.)	[parálisi]
paralizar (vt)	**παραλύω**	[paralío]
alergia (f)	**αλλεργία** (θηλ.)	[alerjía]
asma (f)	**άσθμα** (ουδ.)	[ásθma]
diabetes (f)	**διαβήτης** (αρ.)	[ðiavítis]
dolor (m) de muelas	**πονόδοντος** (αρ.)	[ponóðondos]
caries (f)	**τερηδόνα** (θηλ.)	[teriðóna]
diarrea (f)	**διάρροια** (θηλ.)	[ðiária]
estreñimiento (m)	**δυσκοιλιότητα** (θηλ.)	[ðiskiliótita]
molestia (f) estomacal	**στομαχική διαταραχή** (θηλ.)	[stomaxikí ðiataraxí]
envenenamiento (m)	**τροφική δηλητηρίαση** (θηλ.)	[trofikí ðilitiríasi]
envenenarse (vr)	**δηλητηριάζομαι**	[ðilitiriázome]
artritis (f)	**αρθρίτιδα** (θηλ.)	[arθrítiða]
raquitismo (m)	**ραχίτιδα** (θηλ.)	[raxítiða]
reumatismo (m)	**ρευματισμοί** (αρ.πλ.)	[revmatizmí]
ateroesclerosis (f)	**αθηροσκλήρωση** (θηλ.)	[aθiosklírosi]
gastritis (f)	**γαστρίτιδα** (θηλ.)	[ɣastrítiða]
apendicitis (f)	**σκωληκοειδίτιδα** (θηλ.)	[skolikoiðítiða]

colecistitis (f)	**χολοκυστίτιδα** (θηλ.)	[xolʲokistítiða]
úlcera (f)	**έλκος** (ουδ.)	[élʲkos]
sarampión (m)	**ιλαρά** (θηλ.)	[ilʲará]
rubeola (f)	**ερυθρά** (θηλ.)	[eriθrá]
ictericia (f)	**ίκτερος** (αρ.)	[íkteros]
hepatitis (f)	**ηπατίτιδα** (θηλ.)	[ipatítiða]
esquizofrenia (f)	**σχιζοφρένεια** (θηλ.)	[sxizofrénia]
rabia (f) (hidrofobia)	**λύσσα** (θηλ.)	[lísa]
neurosis (f)	**νεύρωση** (θηλ.)	[névrosi]
conmoción (f) cerebral	**διάσειση** (θηλ.)	[ðiásisi]
cáncer (m)	**καρκίνος** (αρ.)	[karkínos]
esclerosis (f)	**σκλήρυνση** (θηλ.)	[sklírinsi]
esclerosis (m) múltiple	**σκλήρυνση κατά πλάκας** (θηλ.)	[sklírinsi kataplʲákas]
alcoholismo (m)	**αλκοολισμός** (αρ.)	[alʲkoolizmós]
alcohólico (m)	**αλκοολικός** (αρ.)	[alʲkoolikós]
sífilis (f)	**σύφιλη** (θηλ.)	[sífili]
SIDA (m)	**AIDS** (ουδ.)	[ejds]
tumor (m)	**όγκος** (αρ.)	[óngos]
maligno (adj)	**κακοήθης**	[kakoíθis]
benigno (adj)	**καλοήθης**	[kalʲoíθis]
fiebre (f)	**πυρετός** (αρ.)	[piretós]
malaria (f)	**ελονοσία** (θηλ.)	[elʲonosía]
gangrena (f)	**γάγγραινα** (θηλ.)	[ɣángrena]
mareo (m)	**ναυτία** (θηλ.)	[naftía]
epilepsia (f)	**επιληψία** (θηλ.)	[epilipsía]
epidemia (f)	**επιδημία** (θηλ.)	[epiðimía]
tifus (m)	**τύφος** (αρ.)	[tífos]
tuberculosis (f)	**φυματίωση** (θηλ.)	[fimatíosi]
cólera (f)	**χολέρα** (θηλ.)	[xoléra]
peste (f)	**πανούκλα** (θηλ.)	[panúklʲa]

64. Los síntomas. Los tratamientos. Unidad 1

síntoma (m)	**σύμπτωμα** (ουδ.)	[símptoma]
temperatura (f)	**θερμοκρασία** (θηλ.)	[θermokrasía]
fiebre (f)	**υψηλή θερμοκρασία** (θηλ.)	[ipsilí θermokrasía]
pulso (m)	**παλμός** (αρ.)	[palʲmós]
mareo (m) (vértigo)	**ίλιγγος** (αρ.)	[ílingos]
caliente (adj)	**ζεστός**	[zestós]
escalofrío (m)	**ρίγος** (ουδ.)	[ríɣos]
pálido (adj)	**χλομός**	[xlʲomós]

tos (f)	**βήχας** (αρ.)	[víxas]
toser (vi)	**βήχω**	[víxo]
estornudar (vi)	**φτερνίζομαι**	[fternízome]
desmayo (m)	**λιποθυμία** (θηλ.)	[lipoθimía]
desmayarse (vr)	**λιποθυμώ**	[lipoθimó]

moradura (f)	**μελανιά** (θηλ.)	[melʲaniá]
chichón (m)	**καρούμπαλο** (ουδ.)	[karúmbalʲo]
golpearse (vr)	**χτυπάω**	[xtipáo]
magulladura (f)	**μώλωπας** (αρ.)	[mólʲopas]
magullarse (vr)	**χτυπάω**	[xtipáo]

cojear (vi)	**κουτσαίνω**	[kutséno]
dislocación (f)	**εξάρθρημα** (ουδ.)	[eksárθrima]
dislocar (vt)	**εξαρθρώνω**	[eksaθróno]
fractura (f)	**κάταγμα** (ουδ.)	[kátaɣma]
tener una fractura	**παθαίνω κάταγμα**	[paθéno kátaɣma]

corte (m) (tajo)	**κόψιμο, σχίσιμο** (ουδ.)	[kópsimo], [sxísimo]
cortarse (vr)	**κόβομαι**	[kóvome]
hemorragia (f)	**αιμορραγία** (θηλ.)	[emoraʝía]

quemadura (f)	**έγκαυμα** (ουδ.)	[éngavma]
quemarse (vr)	**καίγομαι**	[kéɣome]

pincharse (~ el dedo)	**τρυπώ**	[tripó]
pincharse (vr)	**τρυπώ**	[tripó]
herir (vt)	**τραυματίζω**	[travmatízo]
herida (f)	**τραυματισμός** (αρ.)	[travmatizmós]
lesión (f) (herida)	**πληγή** (θηλ.)	[plʝí]
trauma (m)	**τραύμα** (ουδ.)	[trávma]

delirar (vi)	**παραμιλώ**	[paramilʲó]
tartamudear (vi)	**τραυλίζω**	[travlízo]
insolación (f)	**ηλίαση** (θηλ.)	[ilíasi]

65. Los síntomas. Los tratamientos. Unidad 2

dolor (m)	**πόνος** (αρ.)	[pónos]
astilla (f)	**ακίδα** (θηλ.)	[akíða]

sudor (m)	**ιδρώτας** (αρ.)	[iðrótas]
sudar (vi)	**ιδρώνω**	[iðróno]
vómito (m)	**εμετός** (αρ.)	[emetós]
convulsiones (f pl)	**σπασμοί** (αρ.πλ.)	[spazmí]

embarazada (adj)	**έγκυος**	[éngios]
nacer (vi)	**γεννιέμαι**	[ʝeniéme]
parto (m)	**γέννα** (θηλ.)	[ʝéna]
dar a luz	**γεννάω**	[ʝenáo]

aborto (m)	**έκτρωση** (θηλ.)	[éktrosi]
respiración (f)	**αναπνοή** (θηλ.)	[anapnoí]
inspiración (f)	**εισπνοή** (θηλ.)	[ispnoí]
espiración (f)	**εκπνοή** (θηλ.)	[ekpnoí]
espirar (vi)	**εκπνέω**	[ekpnéo]
inspirar (vi)	**εισπνέω**	[ispnéo]
inválido (m)	**ανάπηρος** (αρ.)	[anápiros]
mutilado (m)	**σακάτης** (αρ.)	[sakátis]
drogadicto (m)	**ναρκομανής** (αρ.)	[narkomanís]
sordo (adj)	**κουφός, κωφός**	[kufós], [kofós]
mudo (adj)	**μουγγός**	[mungós]
sordomudo (adj)	**κωφάλαλος**	[kofálʲalʲos]
loco (adj)	**τρελός**	[trelʲós]
loco (m)	**τρελός** (αρ.)	[trelʲós]
loca (f)	**τρελή** (θηλ.)	[trelí]
volverse loco	**τρελαίνομαι**	[trelénome]
gen (m)	**γονίδιο** (ουδ.)	[ɣoníðio]
inmunidad (f)	**ανοσία** (θηλ.)	[anosía]
hereditario (adj)	**κληρονομικός**	[klironomikós]
de nacimiento (adj)	**συγγενής**	[singenís]
virus (m)	**ιός** (αρ.)	[jos]
microbio (m)	**μικρόβιο** (ουδ.)	[mikróvio]
bacteria (f)	**βακτήριο** (ουδ.)	[vaktírio]
infección (f)	**μόλυνση** (θηλ.)	[mólinsi]

66. Los síntomas. Los tratamientos. Unidad 3

hospital (m)	**νοσοκομείο** (ουδ.)	[nosokomío]
paciente (m)	**ασθενής** (αρ.)	[asθenís]
diagnosis (f)	**διάγνωση** (θηλ.)	[ðiáɣnosi]
cura (f)	**θεραπεία** (θηλ.)	[θerapía]
tratamiento (m)	**ιατρική περίθαλψη** (θηλ.)	[jatrikí períθalʲpsi]
curarse (vr)	**θεραπεύομαι**	[θerapévume]
tratar (vt)	**περιποιούμαι**	[peripiúme]
cuidar (a un enfermo)	**φροντίζω**	[frondízo]
cuidados (m pl)	**φροντίδα** (θηλ.)	[frondíða]
operación (f)	**εγχείρηση** (θηλ.)	[enxírisi]
vendar (vt)	**επιδένω**	[epiðéno]
vendaje (m)	**επίδεση** (θηλ.)	[epíðesi]
vacunación (f)	**εμβόλιο** (ουδ.)	[emvólio]
vacunar (vt)	**εμβολιάζω**	[emvoliázo]
inyección (f)	**ένεση** (θηλ.)	[énesi]

aplicar una inyección	κάνω ένεση	[káno énesi]
amputación (f)	ακρωτηριασμός (αρ.)	[akrotiriazmós]
amputar (vt)	ακρωτηριάζω	[akrotiriázo]
coma (m)	κώμα (ουδ.)	[kóma]
estar en coma	βρίσκομαι σε κώμα	[vrískome se kóma]
revitalización (f)	εντατική (θηλ.)	[endatikí]
recuperarse (vr)	αναρρώνω	[anaróno]
estado (m) (de salud)	κατάσταση (θηλ.)	[katástasi]
consciencia (f)	αισθήσεις (θηλ.πλ.)	[esθísis]
memoria (f)	μνήμη (θηλ.)	[mními]
extraer (un diente)	βγάζω	[vɣázo]
empaste (m)	σφράγισμα (ουδ.)	[sfrájizma]
empastar (vt)	σφραγίζω	[sfrajízo]
hipnosis (f)	ύπνωση (θηλ.)	[ípnosi]
hipnotizar (vt)	υπνωτίζω	[ipnotízo]

67. La medicina. Las drogas. Los accesorios

medicamento (m), droga (f)	φάρμακο (ουδ.)	[fármako]
remedio (m)	θεραπεία (θηλ.)	[θerapía]
prescribir (vt)	γράφω	[ɣráfo]
receta (f)	συνταγή (θηλ.)	[sindají]
tableta (f)	χάπι (ουδ.)	[xápi]
ungüento (m)	αλοιφή (θηλ.)	[alifí]
ampolla (f)	αμπούλα (θηλ.)	[ambúlʲa]
mixtura (f), mezcla (f)	διάλυμα (ουδ.)	[ðiálima]
sirope (m)	σιρόπι (ουδ.)	[sirópi]
píldora (f)	κάψουλα (θηλ.)	[kápsulʲa]
polvo (m)	σκόνη (θηλ.)	[skóni]
venda (f)	επίδεσμος (αρ.)	[epíðezmos]
algodón (m) (discos de ~)	χειρουργικό βαμβάκι (ουδ.)	[xirurjikó vamváki]
yodo (m)	ιώδιο (ουδ.)	[ióðio]
tirita (f), curita (f)	τσιρότο (ουδ.)	[tsiróto]
pipeta (f)	σταγονόμετρο (ουδ.)	[staɣonómetro]
termómetro (m)	θερμόμετρο (ουδ.)	[θermómetro]
jeringa (f)	σύριγγα (θηλ.)	[síringa]
silla (f) de ruedas	αναπηρικό καροτσάκι (ουδ.)	[anapirikó karotsáki]
muletas (f pl)	πατερίτσες (θηλ.πλ.)	[paterítses]
anestésico (m)	αναλγητικό (ουδ.)	[analʲjitikó]
purgante (m)	καθαρτικό (ουδ.)	[kaθartikó]

alcohol (m)	οινόπνευμα (ουδ.)	[inópnevma]
hierba (f) medicinal	θεραπευτικά βότανα (ουδ.πλ.)	[θerapeftiká vótana]
de hierbas (té ~)	από βότανα	[apó vótana]

T&P BOOKS

EL APARTAMENTO

T&P Books Publishing

68. El apartamento

apartamento (m)	**διαμέρισμα** (ουδ.)	[ðiamérizma]
habitación (f)	**δωμάτιο** (ουδ.)	[ðomátio]
dormitorio (m)	**υπνοδωμάτιο** (ουδ.)	[ipnoðomátio]
comedor (m)	**τραπεζαρία** (θηλ.)	[trapezaría]
salón (m)	**σαλόνι** (ουδ.)	[salʲóni]
despacho (m)	**γραφείο** (ουδ.)	[ɣrafío]
antecámara (f)	**χωλ** (ουδ.)	[xolʲ]
cuarto (m) de baño	**μπάνιο** (ουδ.)	[bánio]
servicio (m)	**τουαλέτα** (θηλ.)	[tualéta]
techo (m)	**ταβάνι** (ουδ.)	[taváni]
suelo (m)	**πάτωμα** (ουδ.)	[pátoma]
rincón (m)	**γωνία** (θηλ.)	[ɣonía]

69. Los muebles. El interior

muebles (m pl)	**έπιπλα** (ουδ.πλ.)	[épiplʲa]
mesa (f)	**τραπέζι** (ουδ.)	[trapézi]
silla (f)	**καρέκλα** (θηλ.)	[karéklʲa]
cama (f)	**κρεβάτι** (ουδ.)	[kreváti]
sofá (m)	**καναπές** (αρ.)	[kanapés]
sillón (m)	**πολυθρόνα** (θηλ.)	[poliθróna]
librería (f)	**βιβλιοθήκη** (θηλ.)	[vivlioθíki]
estante (m)	**ράφι** (ουδ.)	[ráfi]
armario (m)	**ντουλάπα** (θηλ.)	[dulʲápa]
percha (f)	**κρεμάστρα** (θηλ.)	[kremástra]
perchero (m) de pie	**καλόγερος** (αρ.)	[kalʲóʝeros]
cómoda (f)	**συρταριέρα** (θηλ.)	[sirtariéra]
mesa (f) de café	**τραπεζάκι** (ουδ.)	[trapezáki]
espejo (m)	**καθρέφτης** (αρ.)	[kaθréftis]
tapiz (m)	**χαλί** (ουδ.)	[xalí]
alfombra (f)	**χαλάκι** (ουδ.)	[xalʲáki]
chimenea (f)	**τζάκι** (ουδ.)	[dzáki]
vela (f)	**κερί** (ουδ.)	[kerí]
candelero (m)	**κηροπήγιο** (ουδ.)	[kiropíʝo]
cortinas (f pl)	**κουρτίνες** (θηλ.πλ.)	[kurtínes]

empapelado (m)	**ταπετσαρία** (θηλ.)	[tapetsaría]
estor (m) de láminas	**στόρια** (ουδ.πλ.)	[stória]
lámpara (f) de mesa	**επιτραπέζιο φωτιστικό** (ουδ.)	[epitrapézio fotistikó]
aplique (m)	**φωτιστικό τοίχου** (ουδ.)	[fotistikó tíxu]
lámpara (f) de pie	**φωτιστικό δαπέδου** (ουδ.)	[fotistikó ðapéðu]
lámpara (f) de araña	**πολυέλαιος** (αρ.)	[poliéleos]
pata (f) (~ de la mesa)	**πόδι** (ουδ.)	[póði]
brazo (m)	**μπράτσο** (ουδ.)	[brátso]
espaldar (m)	**πλάτη** (θηλ.)	[plʲáti]
cajón (m)	**συρτάρι** (ουδ.)	[sirtári]

70. Los accesorios de cama

ropa (f) de cama	**σεντόνια** (ουδ.πλ.)	[sendónia]
almohada (f)	**μαξιλάρι** (ουδ.)	[maksilʲári]
funda (f)	**μαξιλαροθήκη** (θηλ.)	[maksilʲaroθíki]
manta (f)	**πάπλωμα** (ουδ.)	[páplʲoma]
sábana (f)	**σεντόνι** (ουδ.)	[sendóni]
sobrecama (f)	**κουβερλί** (ουδ.)	[kuverlí]

71. La cocina

cocina (f)	**κουζίνα** (θηλ.)	[kuzína]
gas (m)	**γκάζι** (ουδ.)	[gázi]
cocina (f) de gas	**κουζίνα με γκάζι** (θηλ.)	[kuzína me gázi]
cocina (f) eléctrica	**ηλεκτρική κουζίνα** (θηλ.)	[ilektrikí kuzína]
horno (m)	**φούρνος** (αρ.)	[fúrnos]
horno (m) microondas	**φούρνος μικροκυμάτων** (αρ.)	[fúrnos mikrokimáton]
frigorífico (m)	**ψυγείο** (ουδ.)	[psiʝío]
congelador (m)	**καταψύκτης** (αρ.)	[katapsíktis]
lavavajillas (m)	**πλυντήριο πιάτων** (ουδ.)	[plindírio piáton]
picadora (f) de carne	**κρεατομηχανή** (θηλ.)	[kreatomixaní]
exprimidor (m)	**αποχυμωτής** (αρ.)	[apoximotís]
tostador (m)	**φρυγανιέρα** (θηλ.)	[friɣaniéra]
batidora (f)	**μίξερ** (ουδ.)	[mίkser]
cafetera (f) (aparato de cocina)	**καφετιέρα** (θηλ.)	[kafetiéra]
cafetera (f) (para servir)	**καφετιέρα** (θηλ.)	[kafetiéra]
molinillo (m) de café	**μύλος του καφέ** (αρ.)	[mílʲos tu kafé]
hervidor (m) de agua	**βραστήρας** (αρ.)	[vrastíras]
tetera (f)	**τσαγιέρα** (θηλ.)	[tsaʝéra]

tapa (f)	**καπάκι** (ουδ.)	[kapáki]
colador (m) de té	**σουρωτήρι τσαγιού** (ουδ.)	[surotíri tsaʝú]
cuchara (f)	**κουτάλι** (ουδ.)	[kutáli]
cucharilla (f)	**κουταλάκι του γλυκού** (ουδ.)	[kutalʲáki tu ɣlikú]
cuchara (f) de sopa	**κουτάλι της σούπας** (ουδ.)	[kutáli tis súpas]
tenedor (m)	**πιρούνι** (ουδ.)	[pirúni]
cuchillo (m)	**μαχαίρι** (ουδ.)	[maxéri]
vajilla (f)	**επιτραπέζια σκεύη** (ουδ.πλ.)	[epitrapézia skévi]
plato (m)	**πιάτο** (ουδ.)	[piáto]
platillo (m)	**πιατάκι** (ουδ.)	[piatáki]
vaso (m) de chupito	**σφηνοπότηρο** (ουδ.)	[sfinopótiro]
vaso (m) (~ de agua)	**ποτήρι** (ουδ.)	[potíri]
taza (f)	**φλιτζάνι** (ουδ.)	[flidzáni]
azucarera (f)	**ζαχαριέρα** (θηλ.)	[zaxariéra]
salero (m)	**αλατιέρα** (θηλ.)	[alʲatiéra]
pimentero (m)	**πιπεριέρα** (θηλ.)	[piperiéra]
mantequera (f)	**βουτυριέρα** (θηλ.)	[vutiriéra]
cacerola (f)	**κατσαρόλα** (θηλ.)	[katsarólʲa]
sartén (f)	**τηγάνι** (ουδ.)	[tiɣáni]
cucharón (m)	**κουτάλα** (θηλ.)	[kutálʲa]
colador (m)	**σουρωτήρι** (ουδ.)	[surotíri]
bandeja (f)	**δίσκος** (αρ.)	[ðískos]
botella (f)	**μπουκάλι** (ουδ.)	[bukáli]
tarro (m) de vidrio	**βάζο** (ουδ.)	[vázo]
lata (f)	**κουτί** (ουδ.)	[kutí]
abrebotellas (m)	**ανοιχτήρι** (ουδ.)	[anixtíri]
abrelatas (m)	**ανοιχτήρι** (ουδ.)	[anixtíri]
sacacorchos (m)	**τιρμπουσόν** (ουδ.)	[tirbusón]
filtro (m)	**φίλτρο** (ουδ.)	[fílʲtro]
filtrar (vt)	**φιλτράρω**	[filʲtráro]
basura (f)	**σκουπίδια** (ουδ.πλ.)	[skupíðia]
cubo (m) de basura	**κάδος σκουπιδιών** (αρ.)	[káðos skupiðión]

72. El baño

cuarto (m) de baño	**μπάνιο** (ουδ.)	[bánio]
agua (f)	**νερό** (ουδ.)	[neró]
grifo (m)	**βρύση** (ουδ.)	[vrísi]
agua (f) caliente	**ζεστό νερό** (ουδ.)	[zestó neró]
agua (f) fría	**κρύο νερό** (ουδ.)	[krío neró]

| pasta (f) de dientes | οδοντόκρεμα (θηλ.) | [oðondókrema] |
| limpiarse los dientes | πλένω τα δόντια | [pléno ta ðóndia] |

afeitarse (vr)	ξυρίζομαι	[ksirízome]
espuma (f) de afeitar	αφρός ξυρίσματος (αρ.)	[afrós ksirízmatos]
maquinilla (f) de afeitar	ξυράφι (ουδ.)	[ksiráfi]

lavar (vt)	πλένω	[pléno]
darse un baño	πλένομαι	[plénome]
ducha (f)	ντουζ (ουδ.)	[duz]
darse una ducha	κάνω ντουζ	[káno duz]

bañera (f)	μπανιέρα (θηλ.)	[baniéra]
inodoro (m)	λεκάνη (θηλ.)	[lekáni]
lavabo (m)	νιπτήρας (αρ.)	[niptíras]

| jabón (m) | σαπούνι (ουδ.) | [sapúni] |
| jabonera (f) | σαπουνοθήκη (θηλ.) | [sapunoθíki] |

esponja (f)	σφουγγάρι (ουδ.)	[sfungári]
champú (m)	σαμπουάν (ουδ.)	[sambuán]
toalla (f)	πετσέτα (θηλ.)	[petséta]
bata (f) de baño	μπουρνούζι (ουδ.)	[burnúzi]

colada (f), lavado (m)	μπουγάδα (θηλ.)	[buɣáða]
lavadora (f)	πλυντήριο ρούχων (ουδ.)	[plindírio rúxon]
lavar la ropa	πλένω τα σεντόνια	[pléno ta sendónia]
detergente (m) en polvo	απορρυπαντικό (ουδ.)	[aporipandikó]

73. Los aparatos domésticos

televisor (m)	τηλεόραση (θηλ.)	[tileórasi]
magnetófono (m)	κασετόφωνο (ουδ.)	[kasetófono]
vídeo (m)	συσκευή βίντεο (θηλ.)	[siskeví vídeo]
radio (m)	ραδιόφωνο (ουδ.)	[raðiófono]
reproductor (m) (~ MP3)	πλέιερ (ουδ.)	[pléjer]

| proyector (m) de vídeo | βιντεοπροβολέας (αρ.) | [videoprovoléas] |
| sistema (m) home cinema | οικιακός κινηματογράφος (αρ.) | [ikiakós kinimatoɣráfos] |

reproductor (m) de DVD	συσκευή DVD (θηλ.)	[siskeví dividí]
amplificador (m)	ενισχυτής (αρ.)	[enisxitís]
videoconsola (f)	κονσόλα παιχνιδιών (θηλ.)	[konsólʲa pexniðion]

cámara (f) de vídeo	βιντεοκάμερα (θηλ.)	[videokámera]
cámara (f) fotográfica	φωτογραφική μηχανή (θηλ.)	[fotoɣrafikí mixaní]
cámara (f) digital	ψηφιακή φωτογραφική μηχανή (θηλ.)	[psifiakí fotoɣrafikí mixaní]
aspirador (m), aspiradora (f)	ηλεκτρική σκούπα (θηλ.)	[ilektrikí skúpa]

plancha (f)	**σίδερο** (ουδ.)	[síðero]
tabla (f) de planchar	**σιδερώστρα** (θηλ.)	[siðeróstra]
teléfono (m)	**τηλέφωνο** (ουδ.)	[tiléfono]
teléfono (m) móvil	**κινητό τηλέφωνο** (ουδ.)	[kinitó tiléfono]
máquina (f) de escribir	**γραφομηχανή** (θηλ.)	[ɣrafomixaní]
máquina (f) de coser	**ραπτομηχανή** (θηλ.)	[raptomixaní]
micrófono (m)	**μικρόφωνο** (ουδ.)	[mikrófono]
auriculares (m pl)	**ακουστικά** (ουδ.πλ.)	[akustiká]
mando (m) a distancia	**τηλεχειριστήριο** (ουδ.)	[tilexiristírio]
CD (m)	**συμπαγής δίσκος** (αρ.)	[simpa̧jís ðískos]
casete (m)	**κασέτα** (θηλ.)	[kaséta]
disco (m) de vinilo	**δίσκος βινυλίου** (αρ.)	[ðískos vinilíu]

LA TIERRA. EL TIEMPO

T&P Books Publishing

74. El espacio

cosmos (m)	**διάστημα** (ουδ.)	[ðiástima]
espacial, cósmico (adj)	**διαστημικός**	[ðiastimikós]
espacio (m) cósmico	**απώτερο διάστημα** (ουδ.)	[apótero ðiástima]
mundo (m), universo (m)	**σύμπαν** (ουδ.)	[símban]
galaxia (f)	**γαλαξίας** (αρ.)	[ɣalʲaksías]
estrella (f)	**αστέρας** (αρ.)	[astéras]
constelación (f)	**αστερισμός** (αρ.)	[asterizmós]
planeta (m)	**πλανήτης** (αρ.)	[plʲanítis]
satélite (m)	**δορυφόρος** (αρ.)	[ðorifóros]
meteorito (m)	**μετεωρίτης** (αρ.)	[meteorítis]
cometa (m)	**κομήτης** (αρ.)	[komítis]
asteroide (m)	**αστεροειδής** (αρ.)	[asteroiðís]
órbita (f)	**τροχιά** (θηλ.)	[troxiá]
girar (vi)	**περιστρέφομαι**	[peristréfome]
atmósfera (f)	**ατμόσφαιρα** (θηλ.)	[atmósfera]
Sol (m)	**Ήλιος** (αρ.)	[ílios]
sistema (m) solar	**ηλιακό σύστημα** (ουδ.)	[iliakó sístima]
eclipse (m) de Sol	**έκλειψη ηλίου** (θηλ.)	[éklipsi ilíu]
Tierra (f)	**Γη** (θηλ.)	[ʝi]
Luna (f)	**Σελήνη** (θηλ.)	[selíni]
Marte (m)	**Άρης** (αρ.)	[áris]
Venus (f)	**Αφροδίτη** (θηλ.)	[afroðíti]
Júpiter (m)	**Δίας** (αρ.)	[ðías]
Saturno (m)	**Κρόνος** (αρ.)	[krónos]
Mercurio (m)	**Ερμής** (αρ.)	[ermís]
Urano (m)	**Ουρανός** (αρ.)	[uranós]
Neptuno (m)	**Ποσειδώνας** (αρ.)	[posiðónas]
Plutón (m)	**Πλούτωνας** (αρ.)	[plʲútonas]
la Vía Láctea	**Γαλαξίας** (αρ.)	[ɣalʲaksías]
la Osa Mayor	**Μεγάλη Άρκτος** (θηλ.)	[meɣáli árktos]
la Estrella Polar	**Πολικός Αστέρας** (αρ.)	[polikós astéras]
marciano (m)	**Αρειανός** (αρ.)	[arianós]
extraterrestre (m)	**εξωγήινος** (αρ.)	[eksoʝíinos]
planetícola (m)	**εξωγήινος** (αρ.)	[eksoʝíinos]

platillo (m) volante	**ιπτάμενος δίσκος** (αρ.)	[iptámenos ðískos]
nave (f) espacial	**διαστημόπλοιο** (ουδ.)	[ðiastimóplio]
estación (f) orbital	**διαστημικός σταθμός** (αρ.)	[ðiastimikós staθmós]
despegue (m)	**εκτόξευση** (θηλ.)	[ektóksefsi]
motor (m)	**κινητήρας** (αρ.)	[kinitíras]
tobera (f)	**ακροφύσιο** (ουδ.)	[akrofísio]
combustible (m)	**καύσιμο** (ουδ.)	[káfsimo]
carlinga (f)	**πιλοτήριο** (ουδ.)	[piˡotírio]
antena (f)	**κεραία** (θηλ.)	[keréa]
ventana (f)	**φινιστρίνι** (ουδ.)	[finistríni]
batería (f) solar	**ηλιακός συλλέκτης** (αρ.)	[iliakós siléktis]
escafandra (f)	**στολή αστροναύτη** (θηλ.)	[stolí astronáfti]
ingravidez (f)	**έλλειψη βαρύτητας** (θηλ.)	[élipsi varítitas]
oxígeno (m)	**οξυγόνο** (ουδ.)	[oksiɣóno]
atraque (m)	**πρόσδεση** (θηλ.)	[prózðesi]
realizar el atraque	**προσδένω**	[prozðéno]
observatorio (m)	**αστεροσκοπείο** (ουδ.)	[asteroskopío]
telescopio (m)	**τηλεσκόπιο** (ουδ.)	[tileskópio]
observar (vt)	**παρατηρώ**	[paratiró]
explorar (~ el universo)	**ερευνώ**	[erevnó]

75. La tierra

Tierra (f)	**Γη** (θηλ.)	[ji]
globo (m) terrestre	**υδρόγειος** (θηλ.)	[iðrójios]
planeta (m)	**πλανήτης** (αρ.)	[plˡanítis]
atmósfera (f)	**ατμόσφαιρα** (θηλ.)	[atmósfera]
geografía (f)	**γεωγραφία** (θηλ.)	[jeoɣrafía]
naturaleza (f)	**φύση** (θηλ.)	[físi]
globo (m) terráqueo	**υδρόγειος** (θηλ.)	[iðrójios]
mapa (m)	**χάρτης** (αρ.)	[xártis]
atlas (m)	**άτλας** (αρ.)	[átlˡas]
Europa (f)	**Ευρώπη** (θηλ.)	[evrópi]
Asia (f)	**Ασία** (θηλ.)	[asía]
África (f)	**Αφρική** (θηλ.)	[afrikí]
Australia (f)	**Αυστραλία** (θηλ.)	[afstralía]
América (f)	**Αμερική** (θηλ.)	[amerikí]
América (f) del Norte	**Βόρεια Αμερική** (θηλ.)	[vória amerikí]
América (f) del Sur	**Νότια Αμερική** (θηλ.)	[nótia amerikí]

Antártida (f)	**Ανταρκτική** (θηλ.)	[andarktikí]
Ártico (m)	**Αρκτική** (θηλ.)	[arktikí]

76. Los puntos cardinales

norte (m)	**βορράς** (αρ.)	[vorás]
al norte	**προς το βορρά**	[pros to vorá]
en el norte	**στο βορρά**	[sto vorá]
del norte (adj)	**βόρειος**	[vórios]
sur (m)	**νότος** (αρ.)	[nótos]
al sur	**προς το νότο**	[pros to nóto]
en el sur	**στο νότο**	[sto nóto]
del sur (adj)	**νότιος**	[nótios]
oeste (m)	**δύση** (θηλ.)	[ðísi]
al oeste	**προς τη δύση**	[pros ti ðísi]
en el oeste	**στη δύση**	[sti ðísi]
del oeste (adj)	**δυτικός**	[ðitikós]
este (m)	**ανατολή** (θηλ.)	[anatolí]
al este	**προς την ανατολή**	[pros tin anatolí]
en el este	**στην ανατολή**	[stin anatolí]
del este (adj)	**ανατολικός**	[anatolikós]

77. El mar. El océano

mar (m)	**θάλασσα** (θηλ.)	[θálʲasa]
océano (m)	**ωκεανός** (αρ.)	[okeanós]
golfo (m)	**κόλπος** (αρ.)	[kólʲpos]
estrecho (m)	**πορθμός** (αρ.)	[porθmós]
continente (m)	**ήπειρος** (θηλ.)	[íperos]
isla (f)	**νησί** (ουδ.)	[nisí]
península (f)	**χερσόνησος** (θηλ.)	[xersónisos]
archipiélago (m)	**αρχιπέλαγος** (ουδ.)	[arxipélʲaɣos]
bahía (f)	**κόλπος** (αρ.)	[kólʲpos]
ensenada, bahía (f)	**λιμάνι** (ουδ.)	[limáni]
laguna (f)	**λιμνοθάλασσα** (θηλ.)	[limnoθálʲasa]
cabo (m)	**ακρωτήρι** (ουδ.)	[akrotíri]
atolón (m)	**ατόλη** (θηλ.)	[atóli]
arrecife (m)	**ύφαλος** (αρ.)	[ífalʲos]
coral (m)	**κοράλλι** (ουδ.)	[koráli]
arrecife (m) de coral	**κοραλλιογενής ύφαλος** (αρ.)	[koralioʝenís ifalʲos]
profundo (adj)	**βαθύς**	[vaθís]

profundidad (f)	βάθος (ουδ.)	[váθos]
abismo (m)	άβυσσος (θηλ.)	[ávisos]
fosa (f) oceánica	τάφρος (θηλ.)	[táfros]

corriente (f)	ρεύμα (ουδ.)	[révma]
bañar (rodear)	περιβρέχω	[perivréxo]

orilla (f)	παραλία (θηλ.)	[paralía]
costa (f)	ακτή (θηλ.)	[aktí]

flujo (m)	πλημμυρίδα (θηλ.)	[plimiríða]
reflujo (m)	παλίρροια (θηλ.)	[palíria]
banco (m) de arena	ρηχά (ουδ.πλ.)	[rixá]
fondo (m)	πάτος (αρ.)	[pátos]

ola (f)	κύμα (ουδ.)	[kíma]
cresta (f) de la ola	κορυφή (θηλ.)	[korifí]
espuma (f)	αφρός (αρ.)	[afrós]

tempestad (f)	καταιγίδα (θηλ.)	[katejíða]
huracán (m)	τυφώνας (αρ.)	[tifónas]
tsunami (m)	τσουνάμι (ουδ.)	[tsunámi]
bonanza (f)	νηνεμία (θηλ.)	[ninemía]
calmo, tranquilo	ήσυχος	[ísixos]

polo (m)	πόλος (αρ.)	[pólʲos]
polar (adj)	πολικός	[polikós]

latitud (f)	γεωγραφικό πλάτος (ουδ.)	[jeoɣrafikó plʲátos]
longitud (f)	μήκος (ουδ.)	[míkos]
paralelo (m)	παράλληλος (αρ.)	[parálilʲos]
ecuador (m)	ισημερινός (αρ.)	[isimerinós]

cielo (m)	ουρανός (αρ.)	[uranós]
horizonte (m)	ορίζοντας (αρ.)	[orízondas]
aire (m)	αέρας (αρ.)	[aéras]

faro (m)	φάρος (αρ.)	[fáros]
bucear (vi)	βουτάω	[vutáo]
hundirse (vr)	βυθίζομαι	[viθízome]
tesoros (m pl)	θησαυροί (αρ.πλ.)	[θisavrí]

78. Los nombres de los mares y los océanos

océano (m) Atlántico	Ατλαντικός Ωκεανός (αρ.)	[atlʲandikós okeanós]
océano (m) Índico	Ινδικός Ωκεανός (αρ.)	[inðikós okeanós]
océano (m) Pacífico	Ειρηνικός Ωκεανός (αρ.)	[irinikós okeanós]
océano (m) Glacial Ártico	Αρκτικός Ωκεανός (αρ.)	[arktikós okeanós]
mar (m) Negro	Μαύρη Θάλασσα (θηλ.)	[mávri θálʲasa]
mar (m) Rojo	Ερυθρά Θάλασσα (θηλ.)	[eriθrá θálʲasa]

mar (m) Amarillo	**Κίτρινη Θάλασσα** (θηλ.)	[kítrini θálʲasa]
mar (m) Blanco	**Λευκή Θάλασσα** (θηλ.)	[lefkí θálʲasa]
mar (m) Caspio	**Κασπία Θάλασσα** (θηλ.)	[kaspía θálʲasa]
mar (m) Muerto	**Νεκρά Θάλασσα** (θηλ.)	[nekrá θalʲasa]
mar (m) Mediterráneo	**Μεσόγειος Θάλασσα** (θηλ.)	[mesójios θálʲasa]
mar (m) Egeo	**Αιγαίο** (ουδ.)	[ejéo]
mar (m) Adriático	**Αδριατική** (θηλ.)	[aðriatikí]
mar (m) Arábigo	**Αραβική Θάλασσα** (θηλ.)	[aravikí θálʲasa]
mar (m) del Japón	**Ιαπωνική Θάλασσα** (θηλ.)	[japonikí θálʲasa]
mar (m) de Bering	**Βερίγγειος Θάλασσα** (θηλ.)	[veríngios θálʲasa]
mar (m) de la China Meridional	**Νότια Κινέζικη Θάλασσα** (θηλ.)	[nótia kinéziki θálʲasa]
mar (m) del Coral	**Θάλασσα των Κοραλλίων** (θηλ.)	[θálʲasa tonkoralíon]
mar (m) de Tasmania	**Θάλασσα της Τασμανίας** (θηλ.)	[θálʲasa tis tazmanías]
mar (m) Caribe	**Καραϊβική θάλασσα** (θηλ.)	[karaivikí θálʲasa]
mar (m) de Barents	**Θάλασσα Μπάρεντς** (θηλ.)	[θalʲasa bárents]
mar (m) de Kara	**Θάλασσα του Κάρα** (θηλ.)	[θalʲasa tu kára]
mar (m) del Norte	**Βόρεια Θάλασσα** (θηλ.)	[vória θálʲasa]
mar (m) Báltico	**Βαλτική Θάλασσα** (θηλ.)	[valʲtikí θálʲasa]
mar (m) de Noruega	**Νορβηγική Θάλασσα** (θηλ.)	[norvijikí θálʲasa]

79. Las montañas

montaña (f)	**βουνό** (ουδ.)	[vunó]
cadena (f) de montañas	**οροσειρά** (θηλ.)	[orosirá]
cresta (f) de montañas	**κορυφογραμμή** (θηλ.)	[korifoɣramí]
cima (f)	**κορυφή** (θηλ.)	[korifí]
pico (m)	**κορυφή** (θηλ.)	[korifí]
pie (m)	**πρόποδες** (αρ.πλ.)	[própoðes]
cuesta (f)	**πλαγιά** (θηλ.)	[plʲajá]
volcán (m)	**ηφαίστειο** (ουδ.)	[iféstio]
volcán (m) activo	**ενεργό ηφαίστειο** (ουδ.)	[enerɣó iféstio]
volcán (m) apagado	**σβησμένο ηφαίστειο** (ουδ.)	[svizméno iféstio]
erupción (f)	**έκρηξη** (θηλ.)	[ékriksi]
cráter (m)	**κρατήρας** (αρ.)	[kratíras]
magma (m)	**μάγμα** (ουδ.)	[máɣma]
lava (f)	**λάβα** (θηλ.)	[lʲáva]
fundido (lava ~a)	**πυρακτωμένος**	[piraktoménos]

cañón (m)	**φαράγγι** (ουδ.)	[farángi]
desfiladero (m)	**φαράγγι** (ουδ.)	[farángi]
grieta (f)	**ρωγμή** (θηλ.)	[roɣmí]
puerto (m) (paso)	**διάσελο** (ουδ.)	[ðiáselʲo]
meseta (f)	**οροπέδιο** (ουδ.)	[oropéðio]
roca (f)	**γκρεμός** (αρ.)	[gremós]
colina (f)	**λόφος** (αρ.)	[lʲófos]
glaciar (m)	**παγετώνας** (αρ.)	[paʝetónas]
cascada (f)	**καταρράκτης** (αρ.)	[kataráktis]
geiser (m)	**θερμοπίδακας** (αρ.)	[θermopíðakas]
lago (m)	**λίμνη** (θηλ.)	[límni]
llanura (f)	**πεδιάδα** (θηλ.)	[peðiáða]
paisaje (m)	**τοπίο** (ουδ.)	[topío]
eco (m)	**ηχώ** (θηλ.)	[ixó]
alpinista (m)	**ορειβάτης** (αρ.)	[orivátis]
escalador (m)	**ορειβάτης** (αρ.)	[orivátis]
conquistar (vt)	**κατακτώ**	[kataktó]
ascensión (f)	**ανάβαση** (θηλ.)	[anávasi]

80. Los nombres de las montañas

Alpes (m pl)	**Άλπεις** (θηλ.πλ.)	[álʲpis]
Montblanc (m)	**Λευκό Όρος** (ουδ.)	[lefkó oros]
Pirineos (m pl)	**Πυρηναία** (ουδ.πλ.)	[pirinéa]
Cárpatos (m pl)	**Καρπάθια Όρη** (ουδ.πλ.)	[karpáθxa óri]
Urales (m pl)	**Ουράλια** (ουδ.πλ.)	[urália]
Cáucaso (m)	**Καύκασος** (αρ.)	[káfkasos]
Elbrus (m)	**Ελμπρούς** (ουδ.)	[elʲbrús]
Altai (m)	**όρη Αλτάι** (ουδ.πλ.)	[óri alʲtáj]
Pamir (m)	**Παμίρ** (ουδ.)	[pamír]
Himalayos (m pl)	**Ιμαλάια** (ουδ.πλ.)	[imalʲája]
Everest (m)	**Έβερεστ** (ουδ.)	[éverest]
Andes (m pl)	**Άνδεις** (θηλ.πλ.)	[ánðis]
Kilimanjaro (m)	**Κιλιμαντζάρο** (ουδ.)	[kilimandzáro]

81. Los ríos

río (m)	**ποταμός** (αρ.)	[potamós]
manantial (m)	**πηγή** (θηλ.)	[piʝí]
lecho (m) (curso de agua)	**κοίτη** (θηλ.)	[kíti]
cuenca (f) fluvial	**λεκάνη** (θηλ.)	[lekáni]

desembocar en ...	**εκβάλλω στο ...**	[ekválʲo sto]
afluente (m)	**παραπόταμος** (αρ.)	[parapótamos]
ribera (f)	**ακτή** (θηλ.)	[aktí]
corriente (f)	**ρεύμα** (ουδ.)	[révma]
río abajo (adv)	**στη φορά του ρεύματος**	[sti forá tu révmatos]
río arriba (adv)	**κόντρα στο ρεύμα**	[kóndra sto révma]
inundación (f)	**πλημμύρα** (θηλ.)	[plimíra]
riada (f)	**ξεχείλισμα** (ουδ.)	[ksexílizma]
desbordarse (vr)	**πλημμυρίζω**	[plimirízo]
inundar (vt)	**πλημμυρίζω**	[plimirízo]
bajo (m) arenoso	**ρηχά** (ουδ.πλ.)	[rixá]
rápido (m)	**ορμητικό ρεύμα** (ουδ.)	[ormitikó révma]
presa (f)	**φράγμα** (ουδ.)	[fráɣma]
canal (m)	**κανάλι** (ουδ.)	[kanáli]
lago (m) artificiale	**ταμιευτήρας** (αρ.)	[tamieftíras]
esclusa (f)	**θυρόφραγμα** (ουδ.)	[θirófraɣma]
cuerpo (m) de agua	**νερόλακκος** (αρ.)	[nerólʲakos]
pantano (m)	**έλος** (ουδ.)	[élʲos]
ciénaga (f)	**βάλτος** (αρ.)	[válʲtos]
remolino (m)	**δίνη** (θηλ.)	[ðíni]
arroyo (m)	**ρυάκι** (ουδ.)	[riáki]
potable (adj)	**πόσιμο**	[pósimo]
dulce (agua ~)	**γλυκό**	[ɣlikó]
hielo (m)	**πάγος** (αρ.)	[páɣos]
helarse (el lago, etc.)	**παγώνω**	[paɣóno]

82. Los nombres de los ríos

Sena (m)	**Σηκουάνας** (αρ.)	[sikuánas]
Loira (m)	**Λίγηρας** (αρ.)	[líʝiras]
Támesis (m)	**Τάμεσης** (αρ.)	[támesis]
Rin (m)	**Ρήνος** (αρ.)	[rínos]
Danubio (m)	**Δούναβης** (αρ.)	[ðúnavis]
Volga (m)	**Βόλγας** (αρ.)	[vólʲɣas]
Don (m)	**Ντον** (αρ.)	[don]
Lena (m)	**Λένας** (αρ.)	[lénas]
Río (m) Amarillo	**Κίτρινος Ποταμός** (αρ.)	[kítrinos potamós]
Río (m) Azul	**Γιανγκτσέ** (αρ.)	[ʝangtsé]
Mekong (m)	**Μεκόνγκ** (αρ.)	[mekóng]

Ganges (m)	**Γάγγης** (αρ.)	[ɣángis]
Nilo (m)	**Νείλος** (αρ.)	[níl^jos]
Congo (m)	**Κονγκό** (αρ.)	[kongó]
Okavango (m)	**Οκαβάνγκο** (αρ.)	[okavángo]
Zambeze (m)	**Ζαμβέζης** (αρ.)	[zamvézis]
Limpopo (m)	**Λιμπόπο** (αρ.)	[limbópo]
Misisipi (m)	**Μισισιπής** (αρ.)	[misisipís]

83. El bosque

bosque (m)	**δάσος** (ουδ.)	[ðásos]
de bosque (adj)	**του δάσους**	[tu ðásus]
espesura (f)	**πυκνό δάσος** (ουδ.)	[piknó ðásos]
bosquecillo (m)	**άλσος** (ουδ.)	[ál^jsos]
claro (m)	**ξέφωτο** (ουδ.)	[kséfoto]
maleza (f)	**λόχμη** (θηλ.)	[l^jóxmi]
matorral (m)	**θαμνότοπος** (αρ.)	[θamnótopos]
senda (f)	**μονοπάτι** (ουδ.)	[monopáti]
barranco (m)	**χαράδρα** (θηλ.)	[xaráðra]
árbol (m)	**δέντρο** (ουδ.)	[ðéndro]
hoja (f)	**φύλλο** (ουδ.)	[fíl^jo]
follaje (m)	**φύλλωμα** (ουδ.)	[fíl^joma]
caída (f) de hojas	**φυλλοβολία** (θηλ.)	[fil^jovolía]
caer (las hojas)	**πέφτω**	[péfto]
cima (f)	**κορυφή** (θηλ.)	[korifí]
rama (f)	**κλαδί** (ουδ.)	[klaðí]
rama (f) (gruesa)	**μεγάλο κλαδί** (ουδ.)	[meɣál^jo kl^jaðí]
brote (m)	**μπουμπούκι** (ουδ.)	[bubúki]
aguja (f)	**βελόνα** (θηλ.)	[vel^jóna]
piña (f)	**κουκουνάρι** (ουδ.)	[kukunári]
agujero (m)	**φωλιά στο δέντρο** (θηλ.)	[foliá sto ðéndro]
nido (m)	**φωλιά** (θηλ.)	[foliá]
tronco (m)	**κορμός** (αρ.)	[kormós]
raíz (f)	**ρίζα** (θηλ.)	[ríza]
corteza (f)	**φλοιός** (αρ.)	[fliós]
musgo (m)	**βρύο** (ουδ.)	[vrío]
extirpar (vt)	**ξεριζώνω**	[kserizóno]
talar (vt)	**κόβω**	[kóvo]
deforestar (vt)	**αποψιλώνω**	[apopsil^jóno]
tocón (m)	**κομμένος κορμός** (αρ.)	[koménos kormós]
hoguera (f)	**φωτιά** (θηλ.)	[fotiá]

incendio (m) forestal	**πυρκαγιά** (θηλ.)	[pirkajá]
apagar (~ el incendio)	**σβήνω**	[zvíno]
guarda (m) forestal	**δασοφύλακας** (αρ.)	[ðasofíl'akas]
protección (f)	**προστασία** (θηλ.)	[prostasía]
proteger (vt)	**προστατεύω**	[prostatévo]
cazador (m) furtivo	**λαθροθήρας** (αρ.)	[l'aθroθíras]
cepo (m)	**δόκανο** (ουδ.)	[ðókano]
recoger (setas, bayas)	**μαζεύω**	[mazévo]
perderse (vr)	**χάνομαι**	[xánome]

84. Los recursos naturales

recursos (m pl) naturales	**φυσικοί πόροι** (αρ.πλ.)	[fisikí póri]
recursos (m pl) subterráneos	**ορυκτά** (ουδ.πλ.)	[oriktá]
depósitos (m pl)	**κοιτάσματα** (ουδ.πλ.)	[kitázmata]
yacimiento (m)	**κοίτασμα** (ουδ.)	[kítazma]
extraer (vt)	**εξορύσσω**	[eksoríso]
extracción (f)	**εξόρυξη** (θηλ.)	[eksóriksi]
mena (f)	**μετάλλευμα** (ουδ.)	[metálevma]
mina (f)	**μεταλλείο, ορυχείο** (ουδ.)	[metalío], [orixío]
pozo (m) de mina	**φρεάτιο ορυχείου** (ουδ.)	[freátio orixíu]
minero (m)	**ανθρακωρύχος** (αρ.)	[anθrakoríxos]
gas (m)	**αέριο** (ουδ.)	[aério]
gasoducto (m)	**αγωγός αερίου** (αρ.)	[aɣoɣós aeríu]
petróleo (m)	**πετρέλαιο** (ουδ.)	[petréleo]
oleoducto (m)	**πετρελαιαγωγός** (αρ.)	[petreleaɣoɣós]
pozo (m) de petróleo	**πετρελαιοπηγή** (θηλ.)	[petreleopijí]
torre (f) de sondeo	**πύργος διατρήσεων** (αρ.)	[pírɣos ðiatríseon]
petrolero (m)	**τάνκερ** (ουδ.)	[tánker]
arena (f)	**άμμος** (θηλ.)	[ámos]
caliza (f)	**ασβεστόλιθος** (αρ.)	[asvestóliθos]
grava (f)	**χαλίκι** (ουδ.)	[xalíki]
turba (f)	**τύρφη** (θηλ.)	[tírfi]
arcilla (f)	**πηλός** (αρ.)	[pil'ós]
carbón (m)	**γαιάνθρακας** (αρ.)	[ɣeánθrakas]
hierro (m)	**σιδηρομετάλλευμα** (ουδ.)	[siðirometálevma]
oro (m)	**χρυσάφι** (ουδ.)	[xrisáfi]
plata (f)	**ασήμι** (ουδ.)	[asími]
níquel (m)	**νικέλιο** (ουδ.)	[nikélio]
cobre (m)	**χαλκός** (αρ.)	[xal'kós]
zinc (m)	**ψευδάργυρος** (αρ.)	[psevðárjiros]
manganeso (m)	**μαγγάνιο** (ουδ.)	[mangánio]

mercurio (m)	**υδράργυρος** (αρ.)	[iðrárɟiros]
plomo (m)	**μόλυβδος** (αρ.)	[mólivðos]
mineral (m)	**ορυκτό** (ουδ.)	[oriktó]
cristal (m)	**κρύσταλλος** (αρ.)	[krístalʲos]
mármol (m)	**μάρμαρο** (ουδ.)	[mármaro]
uranio (m)	**ουράνιο** (ουδ.)	[uránio]

85. El tiempo

tiempo (m)	**καιρός** (αρ.)	[kerós]
previsión (f) del tiempo	**πρόγνωση καιρού** (θηλ.)	[próɣnosi kerú]
temperatura (f)	**θερμοκρασία** (θηλ.)	[θermokrasía]
termómetro (m)	**θερμόμετρο** (ουδ.)	[θermómetro]
barómetro (m)	**βαρόμετρο** (ουδ.)	[varómetro]
humedad (f)	**υγρασία** (θηλ.)	[iɣrasía]
bochorno (m)	**ζέστη** (θηλ.)	[zésti]
tórrido (adj)	**ζεστός, καυτός**	[zestós], [kaftós]
hace mucho calor	**κάνει ζέστη**	[káni zésti]
hace calor (templado)	**κάνει ζέστη**	[káni zésti]
templado (adj)	**ζεστός**	[zestós]
hace frío	**κάνει κρύο**	[káni krío]
frío (adj)	**κρύος**	[kríos]
sol (m)	**ήλιος** (αρ.)	[ílios]
brillar (vi)	**λάμπω**	[lʲámbo]
soleado (un día ~)	**ηλιόλουστος**	[iliólʲustos]
elevarse (el sol)	**ανατέλλω**	[anatélʲo]
ponerse (vr)	**δύω**	[ðío]
nube (f)	**σύννεφο** (ουδ.)	[sínefo]
nuboso (adj)	**συννεφιασμένος**	[sinefiazménos]
nubarrón (m)	**μαύρο σύννεφο** (ουδ.)	[mávro sínefo]
nublado (adj)	**συννεφιασμένος**	[sinefiazménos]
lluvia (f)	**βροχή** (θηλ.)	[vroxí]
está lloviendo	**βρέχει**	[vréxi]
lluvioso (adj)	**βροχερός**	[vroxerós]
lloviznar (vi)	**ψιχαλίζει**	[psixalízi]
aguacero (m)	**δυνατή βροχή** (θηλ.)	[ðinatí vroxí]
chaparrón (m)	**νεροποντή** (θηλ.)	[neropondí]
fuerte (la lluvia ~)	**δυνατός**	[ðinatós]
charco (m)	**λακκούβα** (θηλ.)	[lʲakúva]
mojarse (vr)	**βρέχομαι**	[vréxome]
niebla (f)	**ομίχλη** (θηλ.)	[omíxli]
nebuloso (adj)	**ομιχλώδης**	[omixlʲóðis]

nieve (f)	**χιόνι** (ουδ.)	[xóni]
está nevando	**χιονίζει**	[xonízi]

86. Los eventos climáticos severos. Los desastres naturales

tormenta (f)	**καταιγίδα** (θηλ.)	[katej̯íða]
relámpago (m)	**αστραπή** (θηλ.)	[astrapí]
relampaguear (vi)	**αστράπτω**	[astrápto]
trueno (m)	**βροντή** (θηλ.)	[vrondí]
tronar (vi)	**βροντάω**	[vrondáo]
está tronando	**βροντάει**	[vrondái]
granizo (m)	**χαλάζι** (ουδ.)	[xalʲázi]
está granizando	**ρίχνει χαλάζι**	[ríxni xalʲázi]
inundar (vt)	**πλημμυρίζω**	[plimirízo]
inundación (f)	**πλημμύρα** (θηλ.)	[plimíra]
terremoto (m)	**σεισμός** (αρ.)	[sizmós]
sacudida (f)	**δόνηση** (θηλ.)	[ðónisi]
epicentro (m)	**επίκεντρο** (ουδ.)	[epíkendro]
erupción (f)	**έκρηξη** (θηλ.)	[ékriksi]
lava (f)	**λάβα** (θηλ.)	[lʲáva]
torbellino (m)	**ανεμοστρόβιλος** (αρ.)	[anemostróvilʲos]
tornado (m)	**σίφουνας** (αρ.)	[sífunas]
tifón (m)	**τυφώνας** (αρ.)	[tifónas]
huracán (m)	**τυφώνας** (αρ.)	[tifónas]
tempestad (f)	**καταιγίδα** (θηλ.)	[katej̯íða]
tsunami (m)	**τσουνάμι** (ουδ.)	[tsunámi]
ciclón (m)	**κυκλώνας** (αρ.)	[kiklʲónas]
mal tiempo (m)	**κακοκαιρία** (θηλ.)	[kakokería]
incendio (m)	**φωτιά, πυρκαγιά** (θηλ.)	[fotiá], [pirkaj̯á]
catástrofe (f)	**καταστροφή** (θηλ.)	[katastrofí]
meteorito (m)	**μετεωρίτης** (αρ.)	[meteorítis]
avalancha (f)	**χιονοστιβάδα** (θηλ.)	[xonostiváða]
alud (m) de nieve	**χιονοστιβάδα** (θηλ.)	[xonostiváða]
ventisca (f)	**χιονοθύελλα** (θηλ.)	[xonoθíelʲa]
nevasca (f)	**χιονοθύελλα** (θηλ.)	[xonoθíelʲa]

LA FAUNA

T&P Books Publishing

87. Los mamíferos. Los predadores

carnívoro (m)	**θηρευτής** (ουδ.)	[θireftís]
tigre (m)	**τίγρη** (θηλ.), **τίγρης** (αρ.)	[tíɣri], [tíɣris]
león (m)	**λιοντάρι** (ουδ.)	[liondári]
lobo (m)	**λύκος** (αρ.)	[líkos]
zorro (m)	**αλεπού** (θηλ.)	[alepú]
jaguar (m)	**ιαγουάρος** (αρ.)	[jaɣuáros]
leopardo (m)	**λεοπάρδαλη** (θηλ.)	[leopárðali]
guepardo (m)	**γατόπαρδος** (αρ.)	[ɣatóparðos]
pantera (f)	**πάνθηρας** (αρ.)	[pánθiras]
puma (f)	**πούμα** (ουδ.)	[púma]
leopardo (m) de las nieves	**λεοπάρδαλη** (θηλ.) **των χιόνων**	[leopárðali ton xiónon]
lince (m)	**λύγκας** (αρ.)	[língas]
coyote (m)	**κογιότ** (ουδ.)	[koj̯iót]
chacal (m)	**τσακάλι** (ουδ.)	[tsakáli]
hiena (f)	**ύαινα** (θηλ.)	[íena]

88. Los animales salvajes

animal (m)	**ζώο** (ουδ.)	[zóo]
bestia (f)	**θηρίο** (ουδ.)	[θirío]
ardilla (f)	**σκίουρος** (αρ.)	[skíuros]
erizo (m)	**σκαντζόχοιρος** (αρ.)	[skandzóxiros]
liebre (f)	**λαγός** (αρ.)	[lʲaɣós]
conejo (m)	**κουνέλι** (ουδ.)	[kunéli]
tejón (m)	**ασβός** (αρ.)	[azvós]
mapache (m)	**ρακούν** (ουδ.)	[rakún]
hámster (m)	**χάμστερ** (ουδ.)	[xámster]
marmota (f)	**μυωξός** (αρ.)	[mioksós]
topo (m)	**τυφλοπόντικας** (αρ.)	[tiflʲopóndikas]
ratón (m)	**ποντίκι** (ουδ.)	[pondíki]
rata (f)	**αρουραίος** (αρ.)	[aruréos]
murciélago (m)	**νυχτερίδα** (θηλ.)	[nixteríða]
armiño (m)	**ερμίνα** (θηλ.)	[ermína]
cebellina (f)	**σαμούρι** (ουδ.)	[samúri]

marta (f)	**κουνάβι** (ουδ.)	[kunávi]
comadreja (f)	**νυφίτσα** (θηλ.)	[nifítsa]
visón (m)	**βιζόν** (ουδ.)	[vizón]
castor (m)	**κάστορας** (αρ.)	[kástoras]
nutria (f)	**ενυδρίδα** (θηλ.)	[eniðríða]
caballo (m)	**άλογο** (ουδ.)	[ál^joɣo]
alce (m)	**άλκη** (θηλ.)	[ál^jki]
ciervo (m)	**ελάφι** (ουδ.)	[el^jáfi]
camello (m)	**καμήλα** (θηλ.)	[kamíl^ja]
bisonte (m)	**βίσονας** (αρ.)	[vísonas]
uro (m)	**βόνασος** (αρ.)	[vónasos]
búfalo (m)	**βούβαλος** (αρ.)	[vúval^jos]
cebra (f)	**ζέβρα** (θηλ.)	[zévra]
antílope (m)	**αντιλόπη** (θηλ.)	[andil^jópi]
corzo (m)	**ζαρκάδι** (ουδ.)	[zarkáði]
gamo (m)	**ντάμα ντάμα** (ουδ.)	[dáma dáma]
gamuza (f)	**αγριόγιδο** (ουδ.)	[aɣrióɣiðo]
jabalí (m)	**αγριογούρουνο** (αρ.)	[aɣrioɣúruno]
ballena (f)	**φάλαινα** (θηλ.)	[fálena]
foca (f)	**φώκια** (θηλ.)	[fókia]
morsa (f)	**θαλάσσιος ίππος** (αρ.)	[θal^jásios ípos]
oso (m) marino	**γουνοφόρα φώκια** (θηλ.)	[ɣunofóra fóka]
delfín (m)	**δελφίνι** (ουδ.)	[ðel^jfíni]
oso (m)	**αρκούδα** (θηλ.)	[arkúða]
oso (m) blanco	**πολική αρκούδα** (θηλ.)	[polikí arkúða]
panda (f)	**πάντα** (ουδ.)	[pánda]
mono (m)	**μαϊμού** (θηλ.)	[majmú]
chimpancé (m)	**χιμπαντζής** (ουδ.)	[xibadzís]
orangután (m)	**ουραγκοτάγκος** (αρ.)	[urangotángos]
gorila (m)	**γορίλας** (αρ.)	[ɣoríl^jas]
macaco (m)	**μακάκας** (αρ.)	[makákas]
gibón (m)	**γίββωνας** (αρ.)	[ʝívonas]
elefante (m)	**ελέφαντας** (αρ.)	[eléfandas]
rinoceronte (m)	**ρινόκερος** (αρ.)	[rinókeros]
jirafa (f)	**καμηλοπάρδαλη** (θηλ.)	[kamil^jopárðali]
hipopótamo (m)	**ιπποπόταμος** (αρ.)	[ipopótamos]
canguro (m)	**καγκουρό** (ουδ.)	[kanguró]
koala (f)	**κοάλα** (ουδ.)	[koál^ja]
mangosta (f)	**μαγκούστα** (θηλ.)	[mangústa]
chinchilla (f)	**τσιντσιλά** (ουδ.)	[tsintsil^já]
mofeta (f)	**μεφίτιδα** (θηλ.)	[mefítiða]
espín (m)	**ακανθόχοιρος** (αρ.)	[akanθóxiros]

89. Los animales domésticos

gata (f)	**γάτα** (θηλ.)	[ɣáta]
gato (m)	**γάτος** (αρ.)	[ɣátos]
perro (m)	**σκύλος** (αρ.)	[skílʲos]
caballo (m)	**άλογο** (ουδ.)	[álʲoɣo]
garañón (m)	**επιβήτορας** (αρ.)	[epivítoras]
yegua (f)	**φοράδα** (θηλ.)	[foráða]
vaca (f)	**αγελάδα** (θηλ.)	[ajelʲáða]
toro (m)	**ταύρος** (αρ.)	[távros]
buey (m)	**βόδι** (ουδ.)	[vóði]
oveja (f)	**πρόβατο** (ουδ.)	[próvato]
carnero (m)	**κριάρι** (ουδ.)	[kriári]
cabra (f)	**κατσίκα, γίδα** (θηλ.)	[katsíka], [jíða]
cabrón (m)	**τράγος** (αρ.)	[tráɣos]
asno (m)	**γάιδαρος** (αρ.)	[ɣáiðaros]
mulo (m)	**μουλάρι** (ουδ.)	[mulʲári]
cerdo (m)	**γουρούνι** (ουδ.)	[ɣurúni]
cerdito (m)	**γουρουνάκι** (ουδ.)	[ɣurunáki]
conejo (m)	**κουνέλι** (ουδ.)	[kunéli]
gallina (f)	**κότα** (θηλ.)	[kóta]
gallo (m)	**πετεινός, κόκορας** (αρ.)	[petinós], [kókoras]
pato (m)	**πάπια** (θηλ.)	[pápia]
ánade (m)	**αρσενική πάπια** (θηλ.)	[arsenikí pápia]
ganso (m)	**χήνα** (θηλ.)	[xína]
pavo (m)	**γάλος** (αρ.)	[ɣálʲos]
pava (f)	**γαλοπούλα** (θηλ.)	[ɣalʲopúlʲa]
animales (m pl) domésticos	**κατοικίδια** (ουδ.πλ.)	[katikíðia]
domesticado (adj)	**κατοικίδιος**	[katikíðios]
domesticar (vt)	**δαμάζω**	[ðamázo]
criar (vt)	**εκτρέφω**	[ektréfo]
granja (f)	**αγρόκτημα** (ουδ.)	[aɣróktima]
aves (f pl) de corral	**πουλερικό** (ουδ.)	[pulerikó]
ganado (m)	**βοοειδή** (ουδ.πλ.)	[vooiðí]
rebaño (m)	**κοπάδι** (ουδ.)	[kopáði]
caballeriza (f)	**στάβλος** (αρ.)	[stávlʲos]
porqueriza (f)	**χοιροστάσιο** (ουδ.)	[xirostásio]
vaquería (f)	**βουστάσιο** (ουδ.)	[vustásio]
conejal (m)	**κλουβί κουνελιού** (ουδ.)	[klʲuví kuneliú]
gallinero (m)	**κοτέτσι** (ουδ.)	[kotétsi]

90. Los pájaros

pájaro (m)	**πουλί** (ουδ.)	[pulí]
paloma (f)	**περιστέρι** (ουδ.)	[peristéri]
gorrión (m)	**σπουργίτι** (ουδ.)	[spurjíti]
carbonero (m)	**καλόγερος** (αρ.)	[kalʲójeros]
urraca (f)	**καρακάξα** (θηλ.)	[karakáksa]
cuervo (m)	**κόρακας** (αρ.)	[kórakas]
corneja (f)	**κουρούνα** (θηλ.)	[kurúna]
chova (f)	**κάργα** (θηλ.)	[kárɣa]
grajo (m)	**χαβαρόνι** (ουδ.)	[xavaróni]
pato (m)	**πάπια** (θηλ.)	[pápia]
ganso (m)	**χήνα** (θηλ.)	[xína]
faisán (m)	**φασιανός** (αρ.)	[fasianós]
águila (f)	**αετός** (αρ.)	[aetós]
azor (m)	**γεράκι** (ουδ.)	[jeráki]
halcón (m)	**γεράκι** (ουδ.)	[jeráki]
buitre (m)	**γύπας** (αρ.)	[jípas]
cóndor (m)	**κόνδορας** (αρ.)	[kónðoras]
cisne (m)	**κύκνος** (αρ.)	[kíknos]
grulla (f)	**γερανός** (αρ.)	[jeranós]
cigüeña (f)	**πελαργός** (αρ.)	[pelʲarɣós]
loro (m), papagayo (m)	**παπαγάλος** (αρ.)	[papaɣálʲos]
colibrí (m)	**κολιμπρί** (ουδ.)	[kolibrí]
pavo (m) real	**παγόνι** (ουδ.)	[paɣóni]
avestruz (m)	**στρουθοκάμηλος** (αρ.)	[struθokámilʲos]
garza (f)	**τσικνιάς** (αρ.)	[tsikniás]
flamenco (m)	**φλαμίγκο** (ουδ.)	[flʲamíngo]
pelícano (m)	**πελεκάνος** (αρ.)	[pelekános]
ruiseñor (m)	**αηδόνι** (ουδ.)	[aiðóni]
golondrina (f)	**χελιδόνι** (ουδ.)	[xeliðóni]
tordo (m)	**τσίχλα** (θηλ.)	[tsíxlʲa]
zorzal (m)	**κελαηδότσιχλα** (θηλ.)	[kelaiðótsixlʲa]
mirlo (m)	**κοτσύφι** (ουδ.)	[kotsífi]
vencejo (m)	**σταχτάρα** (θηλ.)	[staxtára]
alondra (f)	**κορυδαλλός** (αρ.)	[koriðalʲós]
codorniz (f)	**ορτύκι** (ουδ.)	[ortíki]
pájaro carpintero (m)	**δρυοκολάπτης** (αρ.)	[ðriokolʲáptis]
cuco (m)	**κούκος** (αρ.)	[kúkos]
lechuza (f)	**κουκουβάγια** (θηλ.)	[kukuvája]
búho (m)	**μπούφος** (αρ.)	[búfos]

urogallo (m)	αγριόκουρκος (αρ.)	[aɣriókurkos]
gallo lira (m)	λυροπετεινός (αρ.)	[liropetinós]
perdiz (f)	πέρδικα (θηλ.)	[pérðika]

estornino (m)	ψαρόνι (ουδ.)	[psaróni]
canario (m)	καναρίνι (ουδ.)	[kanaríni]
ortega (f)	αγριόκοτα (θηλ.)	[aɣriókota]
pinzón (m)	σπίνος (αρ.)	[spínos]
camachuelo (m)	πύρρουλα (αρ.)	[pírulʲa]

gaviota (f)	γλάρος (αρ.)	[ɣlʲáros]
albatros (m)	άλμπατρος (ουδ.)	[álʲbatros]
pingüino (m)	πιγκουίνος (αρ.)	[pinguínos]

91. Los peces. Los animales marinos

brema (f)	αβραμίδα (θηλ.)	[avramíða]
carpa (f)	κυπρίνος (αρ.)	[kiprínos]
perca (f)	πέρκα (θηλ.)	[pérka]
siluro (m)	γουλιανός (αρ.)	[ɣulianós]
lucio (m)	λούτσος (αρ.)	[lʲútsos]

| salmón (m) | σολομός (αρ.) | [solʲomós] |
| esturión (m) | οξύρυγχος (αρ.) | [oksírinxos] |

arenque (m)	ρέγγα (θηλ.)	[rénga]
salmón (m) del Atlántico	σολομός του Ατλαντικού (αρ.)	[solʲomós tu atlʲandikú]
caballa (f)	σκουμπρί (ουδ.)	[skumbrí]
lenguado (m)	πλατύψαρο (ουδ.)	[plʲatípsaro]

lucioperca (f)	ποταμολάβρακο (ουδ.)	[potamolʲávrako]
bacalao (m)	μπακαλιάρος (αρ.)	[bakaliáros]
atún (m)	τόνος (αρ.)	[tónos]
trucha (f)	πέστροφα (θηλ.)	[péstrofa]

anguila (f)	χέλι (ουδ.)	[xéli]
raya (f) eléctrica	μουδιάστρα (θηλ.)	[muðiástra]
morena (f)	σμέρνα (θηλ.)	[zmérna]
piraña (f)	πιράνχας (ουδ.)	[piránxas]

tiburón (m)	καρχαρίας (αρ.)	[karxarías]
delfín (m)	δελφίνι (ουδ.)	[ðelʲfíni]
ballena (f)	φάλαινα (θηλ.)	[fálena]

centolla (f)	καβούρι (ουδ.)	[kavúri]
medusa (f)	μέδουσα (θηλ.)	[méðusa]
pulpo (m)	χταπόδι (ουδ.)	[xtapóði]
estrella (f) de mar	αστερίας (αρ.)	[asterías]
erizo (m) de mar	αχινός (αρ.)	[axinós]

caballito (m) de mar	**ιππόκαμπος** (αρ.)	[ipókambos]
ostra (f)	**στρείδι** (ουδ.)	[stríði]
camarón (m)	**γαρίδα** (θηλ.)	[ɣaríða]
bogavante (m)	**αστακός** (αρ.)	[astakós]
langosta (f)	**ακανθωτός αστακός** (αρ.)	[akanθotós astakós]

92. Los anfibios. Los reptiles

serpiente (f)	**φίδι** (ουδ.)	[fíði]
venenoso (adj)	**δηλητηριώδης**	[ðilitirióðis]
víbora (f)	**οχιά** (θηλ.)	[oxiá]
cobra (f)	**κόμπρα** (θηλ.)	[kóbra]
pitón (m)	**πύθωνας** (αρ.)	[píθonas]
boa (f)	**βόας** (αρ.)	[vóas]
culebra (f)	**νερόφιδο** (ουδ.)	[nerófiðo]
serpiente (m) de cascabel	**κροταλίας** (αρ.)	[krotalías]
anaconda (f)	**ανακόντα** (θηλ.)	[anakónda]
lagarto (m)	**σαύρα** (θηλ.)	[sávra]
iguana (f)	**ιγκουάνα** (θηλ.)	[iguána]
varano (m)	**βαράνος** (αρ.)	[varános]
salamandra (f)	**σαλαμάντρα** (θηλ.)	[salʲamándra]
camaleón (m)	**χαμαιλέοντας** (αρ.)	[xameléondas]
escorpión (m)	**σκορπιός** (αρ.)	[skorpiós]
tortuga (f)	**χελώνα** (θηλ.)	[xelʲóna]
rana (f)	**βάτραχος** (αρ.)	[vátraxos]
sapo (m)	**φρύνος** (αρ.)	[frínos]
cocodrilo (m)	**κροκόδειλος** (αρ.)	[krokóðilʲos]

93. Los insectos

insecto (m)	**έντομο** (ουδ.)	[éndomo]
mariposa (f)	**πεταλούδα** (θηλ.)	[petalʲúða]
hormiga (f)	**μυρμήγκι** (ουδ.)	[mirmíngi]
mosca (f)	**μύγα** (θηλ.)	[míɣa]
mosquito (m) (picadura de ~)	**κουνούπι** (ουδ.)	[kunúpi]
escarabajo (m)	**σκαθάρι** (ουδ.)	[skaθári]
avispa (f)	**σφήκα** (θηλ.)	[sfíka]
abeja (f)	**μέλισσα** (θηλ.)	[mélisa]
abejorro (m)	**βομβίνος** (αρ.)	[vomvínos]
moscardón (m)	**οίστρος** (αρ.)	[ístros]
araña (f)	**αράχνη** (θηλ.)	[aráxni]
telaraña (f)	**ιστός αράχνης** (αρ.)	[istós aráxnis]

libélula (f)	**λιβελούλα** (θηλ.)	[livelʲúlʲa]
saltamontes (m)	**ακρίδα** (θηλ.)	[akríða]
mariposa (f) nocturna	**νυχτοπεταλούδα** (θηλ.)	[nixtopetalʲúða]

cucaracha (f)	**κατσαρίδα** (θηλ.)	[katsaríða]
garrapata (f)	**ακάρι** (ουδ.)	[akári]
pulga (f)	**ψύλλος** (αρ.)	[psílʲos]
mosca (f) negra	**μυγάκι** (ουδ.)	[miɣáki]

langosta (f)	**ακρίδα** (θηλ.)	[akríða]
caracol (m)	**σαλιγκάρι** (ουδ.)	[salingári]
grillo (m)	**γρύλος** (αρ.)	[ɣrílʲos]
luciérnaga (f)	**πυγολαμπίδα** (θηλ.)	[piɣolʲambíða]
mariquita (f)	**πασχαλίτσα** (θηλ.)	[pasxalítsa]
sanjuanero (m)	**μηλολόνθη** (θηλ.)	[milʲolʲónθi]

sanguijuela (f)	**βδέλλα** (θηλ.)	[vðélʲa]
oruga (f)	**κάμπια** (θηλ.)	[kámbia]
lombriz (m) de tierra	**σκουλήκι** (ουδ.)	[skulíki]
larva (f)	**σκώληκας** (αρ.)	[skólikas]

LA FLORA

T&P Books Publishing

94. Los árboles

árbol (m)	**δέντρο** (ουδ.)	[ðéndro]
foliáceo (adj)	**φυλλοβόλος**	[filʲovólʲos]
conífero (adj)	**κωνοφόρος**	[konofóros]
de hoja perenne	**αειθαλής**	[aiθalís]
manzano (m)	**μηλιά** (θηλ.)	[miliá]
peral (m)	**αχλαδιά** (θηλ.)	[axlʲaðiá]
cerezo (m)	**κερασιά** (θηλ.)	[kerasiá]
guindo (m)	**βυσσινιά** (θηλ.)	[visiniá]
ciruelo (m)	**δαμασκηνιά** (θηλ.)	[ðamaskiniá]
abedul (m)	**σημύδα** (θηλ.)	[simíða]
roble (m)	**βελανιδιά** (θηλ.)	[velʲaniðiá]
tilo (m)	**φλαμουριά** (θηλ.)	[flʲamuriá]
pobo (m)	**λεύκα** (θηλ.)	[léfka]
arce (m)	**σφεντάμι** (ουδ.)	[sfendámi]
pícea (f)	**έλατο** (ουδ.)	[élʲato]
pino (m)	**πεύκο** (ουδ.)	[péfko]
alerce (m)	**λάριξ** (θηλ.)	[lʲáriks]
abeto (m)	**ελάτη** (θηλ.)	[elʲáti]
cedro (m)	**κέδρος** (αρ.)	[kéðros]
álamo (m)	**λεύκα** (θηλ.)	[léfka]
serbal (m)	**σουρβιά** (θηλ.)	[surviá]
sauce (m)	**ιτιά** (θηλ.)	[itiá]
aliso (m)	**σκλήθρα** (θηλ.)	[sklíθra]
haya (f)	**οξιά** (θηλ.)	[oksiá]
olmo (m)	**φτελιά** (θηλ.)	[fteliá]
fresno (m)	**μέλεγος** (αρ.)	[méleɣos]
castaño (m)	**καστανιά** (θηλ.)	[kastaniá]
magnolia (f)	**μανόλια** (θηλ.)	[manólia]
palmera (f)	**φοίνικας** (αρ.)	[fínikas]
ciprés (m)	**κυπαρίσσι** (ουδ.)	[kiparísi]
mangle (m)	**μανγκρόβιο** (ουδ.)	[mangróvio]
baobab (m)	**μπάομπαμπ** (ουδ.)	[báobab]
eucalipto (m)	**ευκάλυπτος** (αρ.)	[efkáliptos]
secoya (f)	**σεκόγια** (θηλ.)	[sekója]

95. Los arbustos

mata (f)	**θάμνος** (αρ.)	[θámnos]
arbusto (m)	**θάμνος** (αρ.)	[θámnos]
vid (f)	**αμπέλι** (ουδ.)	[ambéli]
viñedo (m)	**αμπέλι** (ουδ.)	[ambéli]
frambueso (m)	**σμεουριά** (θηλ.)	[zmeuriá]
grosellero (m) rojo	**κόκκινο φραγκοστάφυλο** (ουδ.)	[kókino frangostáfilʲo]
grosellero (m) espinoso	**λαγοκέρασο** (ουδ.)	[lʲaɣokéraso]
acacia (f)	**ακακία** (θηλ.)	[akakía]
berberís (m)	**βερβερίδα** (θηλ.)	[ververíða]
jazmín (m)	**γιασεμί** (ουδ.)	[jasemí]
enebro (m)	**άρκευθος** (θηλ.)	[árkefθos]
rosal (m)	**τριανταφυλλιά** (θηλ.)	[triandafiliá]
escaramujo (m)	**αγριοτριανταφυλλιά** (θηλ.)	[aɣriotriandafiliá]

96. Las frutas. Las bayas

manzana (f)	**μήλο** (ουδ.)	[mílʲo]
pera (f)	**αχλάδι** (ουδ.)	[axlʲáði]
ciruela (f)	**δαμάσκηνο** (ουδ.)	[ðamáskino]
fresa (f)	**φράουλα** (θηλ.)	[fráulʲa]
guinda (f)	**βύσσινο** (ουδ.)	[vísino]
cereza (f)	**κεράσι** (ουδ.)	[kerási]
uva (f)	**σταφύλι** (ουδ.)	[stafíli]
frambuesa (f)	**σμέουρο** (ουδ.)	[zméuro]
grosella (f) negra	**μαύρο φραγκοστάφυλο** (ουδ.)	[mávro frangostáfilʲo]
grosella (f) roja	**κόκκινο φραγκοστάφυλο** (ουδ.)	[kókino frangostáfilʲo]
grosella (f) espinosa	**λαγοκέρασο** (ουδ.)	[lʲaɣokéraso]
arándano (m) agrio	**κράνμπερι** (ουδ.)	[kránberi]
naranja (f)	**πορτοκάλι** (ουδ.)	[portokáli]
mandarina (f)	**μανταρίνι** (ουδ.)	[mandaríni]
piña (f)	**ανανάς** (αρ.)	[ananás]
banana (f)	**μπανάνα** (θηλ.)	[banána]
dátil (m)	**χουρμάς** (αρ.)	[xurmás]
limón (m)	**λεμόνι** (ουδ.)	[lemóni]
albaricoque (m)	**βερίκοκο** (ουδ.)	[veríkoko]
melocotón (m)	**ροδάκινο** (ουδ.)	[roðákino]

kiwi (m)	**ακτινίδιο** (ουδ.)	[aktiníðio]
toronja (f)	**γκρέιπφρουτ** (ουδ.)	[gréjpfrut]
baya (f)	**μούρο** (ουδ.)	[múro]
bayas (f pl)	**μούρα** (ουδ.πλ.)	[múra]
fresa (f) silvestre	**χαμοκέρασο** (ουδ.)	[kxamokéraso]
arándano (m)	**μύρτιλλο** (ουδ.)	[mírtilʲo]

97. Las flores. Las plantas

flor (f)	**λουλούδι** (ουδ.)	[lʲulʲúði]
ramo (m) de flores	**ανθοδέσμη** (θηλ.)	[anθoðézmi]
rosa (f)	**τριαντάφυλλο** (ουδ.)	[triandáfilʲo]
tulipán (m)	**τουλίπα** (θηλ.)	[tulípa]
clavel (m)	**γαρίφαλο** (ουδ.)	[ɣarífalʲo]
gladiolo (m)	**γλαδιόλα** (θηλ.)	[ɣlʲaðiólʲa]
aciano (m)	**κενταύρια** (θηλ.)	[kentávria]
campanilla (f)	**καμπανούλα** (θηλ.)	[kampanúlʲa]
diente (m) de león	**ταραξάκο** (ουδ.)	[taraksáko]
manzanilla (f)	**χαμομήλι** (ουδ.)	[xamomíli]
áloe (m)	**αλόη** (θηλ.)	[alʲói]
cacto (m)	**κάκτος** (αρ.)	[káktos]
ficus (m)	**φίκος** (αρ.)	[fíkos]
azucena (f)	**κρίνος** (αρ.)	[krínos]
geranio (m)	**γεράνι** (ουδ.)	[ʝeráni]
jacinto (m)	**υάκινθος** (αρ.)	[iákinθos]
mimosa (f)	**μιμόζα** (θηλ.)	[mimóza]
narciso (m)	**νάρκισσος** (αρ.)	[nárkisos]
capuchina (f)	**καπουτσίνος** (αρ.)	[kaputsínos]
orquídea (f)	**ορχιδέα** (θηλ.)	[orxiðéa]
peonía (f)	**παιώνια** (θηλ.)	[peónia]
violeta (f)	**μενεξές** (αρ.), **βιολέτα** (θηλ.)	[meneksés], [violéta]
trinitaria (f)	**βιόλα η τρίχρωμη** (θηλ.)	[viólʲa i tríxromi]
nomeolvides (f)	**μη-με-λησμόνει** (ουδ.)	[mi-me-lizmóni]
margarita (f)	**μαργαρίτα** (θηλ.)	[marɣaríta]
amapola (f)	**παπαρούνα** (θηλ.)	[paparúna]
cáñamo (m)	**κάνναβη** (θηλ.)	[kánavi]
menta (f)	**μέντα** (θηλ.)	[ménda]
muguete (m)	**μιγκέ** (ουδ.)	[mingé]
campanilla (f) de las nieves	**γάλανθος ο χιονώδης** (αρ.)	[ɣálʲanθos oxonóðis]

ortiga (f)	**τσουκνίδα** (θηλ.)	[tsukníða]
acedera (f)	**λάπαθο** (ουδ.)	[lʲápaθo]
nenúfar (m)	**νούφαρο** (ουδ.)	[núfaro]
helecho (m)	**φτέρη** (θηλ.)	[ftéri]
liquen (m)	**λειχήνα** (θηλ.)	[lixína]
invernadero (m) tropical	**θερμοκήπιο** (ουδ.)	[θermokípio]
césped (m)	**γκαζόν** (ουδ.)	[gazón]
macizo (m) de flores	**παρτέρι** (ουδ.)	[partéri]
planta (f)	**φυτό** (ουδ.)	[fitó]
hierba (f)	**χορτάρι** (ουδ.)	[xortári]
hoja (f) de hierba	**χορταράκι** (ουδ.)	[xortaráki]
hoja (f)	**φύλλο** (ουδ.)	[fílʲo]
pétalo (m)	**πέταλο** (ουδ.)	[pétalʲo]
tallo (m)	**βλαστός** (αρ.)	[vlʲastós]
tubérculo (m)	**βολβός** (αρ.)	[volʲvós]
retoño (m)	**βλαστάρι** (ουδ.)	[vlʲastári]
espina (f)	**αγκάθι** (ουδ.)	[angáθi]
florecer (vi)	**ανθίζω**	[anθízo]
marchitarse (vr)	**ξεραίνομαι**	[kserénome]
olor (m)	**μυρωδιά** (θηλ.)	[miroðiá]
cortar (vt)	**κόβω**	[kóvo]
coger (una flor)	**μαζεύω**	[mazévo]

98. Los cereales, los granos

grano (m)	**σιτηρά** (ουδ.πλ.)	[sitirá]
cereales (m pl) (plantas)	**δημητριακών** (ουδ.πλ.)	[ðimitriakón]
espiga (f)	**στάχυ** (ουδ.)	[stáxi]
trigo (m)	**σιτάρι** (ουδ.)	[sitári]
centeno (m)	**σίκαλη** (θηλ.)	[síkali]
avena (f)	**βρώμη** (θηλ.)	[vrómi]
mijo (m)	**κεχρί** (ουδ.)	[kexrí]
cebada (f)	**κριθάρι** (ουδ.)	[kriθári]
maíz (m)	**καλαμπόκι** (ουδ.)	[kalʲambóki]
arroz (m)	**ρύζι** (ουδ.)	[rízi]
alforfón (m)	**μαυροσίταρο** (ουδ.)	[mavrosítaro]
guisante (m)	**αρακάς** (αρ.), **μπιζελιά** (θηλ.)	[arakás], [bizeliá]
fréjol (m)	**κόκκινο φασόλι** (ουδ.)	[kókino fasóli]
soya (f)	**σόγια** (θηλ.)	[sója]
lenteja (f)	**φακή** (θηλ.)	[fakí]
habas (f pl)	**κουκί** (ουδ.)	[kukí]

T&P BOOKS

LOS PAÍSES

T&P Books Publishing

99. Los países. Unidad 1

Afganistán (m)	**Αφγανιστάν** (ουδ.)	[afɣanistán]
Albania (f)	**Αλβανία** (θηλ.)	[alʲvanía]
Alemania (f)	**Γερμανία** (θηλ.)	[ʝermanía]
Arabia (f) Saudita	**Σαουδική Αραβία** (θηλ.)	[sauðikí aravia]
Argentina (f)	**Αργεντινή** (θηλ.)	[arʝendiní]
Armenia (f)	**Αρμενία** (θηλ.)	[armenía]
Australia (f)	**Αυστραλία** (θηλ.)	[afstralía]
Austria (f)	**Αυστρία** (θηλ.)	[afstría]
Azerbaiyán (m)	**Αζερμπαϊτζάν** (ουδ.)	[azerbajdzán]
Bangladesh (m)	**Μπαγκλαντές** (ουδ.)	[banglʲadés]
Bélgica (f)	**Βέλγιο** (ουδ.)	[vélʲʝo]
Bielorrusia (f)	**Λευκορωσία** (θηλ.)	[lefkorosía]
Bolivia (f)	**Βολιβία** (θηλ.)	[volivía]
Bosnia y Herzegovina	**Βοσνία-Ερζεγοβίνη** (θηλ.)	[voznía erzeɣovini]
Brasil (m)	**Βραζιλία** (θηλ.)	[vrazilía]
Bulgaria (f)	**Βουλγαρία** (θηλ.)	[vulʲɣaría]
Camboya (f)	**Καμπότζη** (θηλ.)	[kabódzi]
Canadá (f)	**Καναδάς** (αρ.)	[kanaðás]
Chequia (f)	**Τσεχία** (θηλ.)	[tsexía]
Chile (m)	**Χιλή** (θηλ.)	[xilí]
China (f)	**Κίνα** (θηλ.)	[kína]
Chipre (m)	**Κύπρος** (θηλ.)	[kípros]
Colombia (f)	**Κολομβία** (θηλ.)	[kolʲomvía]
Corea (f) del Norte	**Βόρεια Κορέα** (θηλ.)	[vória koréa]
Corea (f) del Sur	**Νότια Κορέα** (θηλ.)	[nótia koréa]
Croacia (f)	**Κροατία** (θηλ.)	[kroatía]
Cuba (f)	**Κούβα** (θηλ.)	[kúva]
Dinamarca (f)	**Δανία** (θηλ.)	[ðanía]
Ecuador (m)	**Εκουαδόρ** (ουδ.)	[ekuaðór]
Egipto (m)	**Αίγυπτος** (θηλ.)	[éʝiptos]
Emiratos (m pl) Árabes Unidos	**Ηνωμένα Αραβικά Εμιράτα** (θηλ.πλ.)	[inoména araviká emiráta]
Escocia (f)	**Σκοτία** (θηλ.)	[skotía]
Eslovaquia (f)	**Σλοβακία** (θηλ.)	[slʲovakía]
Eslovenia	**Σλοβενία** (θηλ.)	[slʲovenía]
España (f)	**Ισπανία** (θηλ.)	[ispanía]
Estados Unidos de América	**Ηνωμένες Πολιτείες Αμερικής** (θηλ.πλ.)	[inoménes politíes amerikís]
Estonia (f)	**Εσθονία** (θηλ.)	[esθonía]
Finlandia (f)	**Φινλανδία** (θηλ.)	[finlʲanðía]
Francia (f)	**Γαλλία** (θηλ.)	[ɣalía]

100. Los países. Unidad 2

Georgia (f)	**Γεωργία** (θηλ.)	[ʝeorʝía]
Ghana (f)	**Γκάνα** (θηλ.)	[gána]
Gran Bretaña (f)	**Μεγάλη Βρετανία** (θηλ.)	[meɣáli vretanía]
Grecia (f)	**Ελλάδα** (θηλ.)	[elʲáða]
Haití (m)	**Αϊτή** (θηλ.)	[aití]
Hungría (f)	**Ουγγαρία** (θηλ.)	[ungaría]
India (f)	**Ινδία** (θηλ.)	[inðía]
Indonesia (f)	**Ινδονησία** (θηλ.)	[inðonisía]
Inglaterra (f)	**Αγγλία** (θηλ.)	[anglía]
Irak (m)	**Ιράκ** (ουδ.)	[irák]
Irán (m)	**Ιράν** (ουδ.)	[irán]
Irlanda (f)	**Ιρλανδία** (θηλ.)	[irlʲanðía]
Islandia (f)	**Ισλανδία** (θηλ.)	[islʲanðía]
Islas (f pl) Bahamas	**Μπαχάμες** (θηλ.πλ.)	[baxámes]
Israel (m)	**Ισραήλ** (ουδ.)	[izraílʲ]
Italia (f)	**Ιταλία** (θηλ.)	[italía]
Jamaica (f)	**Τζαμάικα** (θηλ.)	[dzamájka]
Japón (m)	**Ιαπωνία** (θηλ.)	[japonía]
Jordania (f)	**Ιορδανία** (θηλ.)	[iorðanía]
Kazajstán (m)	**Καζακστάν** (ουδ.)	[kazakstán]
Kenia (f)	**Κένυα** (θηλ.)	[kénia]
Kirguizistán (m)	**Κιργιζία** (ουδ.)	[kirʝizía]
Kuwait (m)	**Κουβέιτ** (ουδ.)	[kuvéjt]
Laos (m)	**Λάος** (ουδ.)	[lʲáos]
Letonia (f)	**Λετονία** (θηλ.)	[letonía]
Líbano (m)	**Λίβανος** (αρ.)	[lívanos]
Libia (f)	**Λιβύη** (θηλ.)	[livíi]
Liechtenstein (m)	**Λίχτενσταϊν** (ουδ.)	[líxtenstajn]
Lituania (f)	**Λιθουανία** (θηλ.)	[liθuanía]
Luxemburgo (m)	**Λουξεμβούργο** (ουδ.)	[lʲuksemvúrɣo]
Macedonia	**Μακεδονία** (θηλ.)	[makeðonía]
Madagascar (m)	**Μαδαγασκάρη** (θηλ.)	[maðaɣaskári]
Malasia (f)	**Μαλαισία** (θηλ.)	[malesía]
Malta (f)	**Μάλτα** (θηλ.)	[málʲta]
Marruecos (m)	**Μαρόκο** (ουδ.)	[maróko]
Méjico (m)	**Μεξικό** (ουδ.)	[meksikó]
Moldavia (f)	**Μολδαβία** (θηλ.)	[molʲðavía]
Mónaco (m)	**Μονακό** (ουδ.)	[monakó]
Mongolia (f)	**Μογγολία** (θηλ.)	[mongolía]
Montenegro (m)	**Μαυροβούνιο** (ουδ.)	[mavrovúnio]
Myanmar (m)	**Μιανμάρ** (ουδ.)	[mianmár]

101. Los países. Unidad 3

Namibia (f)	**Ναμίμπια** (θηλ.)	[namíbia]
Nepal (m)	**Νεπάλ** (ουδ.)	[nepálʲ]
Noruega (f)	**Νορβηγία** (θηλ.)	[norviʝía]
Nueva Zelanda (f)	**Νέα Ζηλανδία** (θηλ.)	[néa zilʲanðía]
Países Bajos (m pl)	**Κάτω Χώρες** (θηλ.πλ.)	[káto xóres]
Pakistán (m)	**Πακιστάν** (ουδ.)	[pakistán]
Palestina (f)	**Παλαιστίνη** (θηλ.)	[palestíni]
Panamá (f)	**Παναμάς** (αρ.)	[panamás]
Paraguay (m)	**Παραγουάη** (θηλ.)	[paraɣuái]
Perú (m)	**Περού** (ουδ.)	[perú]
Polinesia (f) Francesa	**Γαλλική Πολυνησία** (θηλ.)	[ɣalikí polinisía]
Polonia (f)	**Πολωνία** (θηλ.)	[polʲonía]
Portugal (m)	**Πορτογαλία** (θηλ.)	[portoɣalía]
República (f) Dominicana	**Δομινικανή Δημοκρατία** (θηλ.)	[ðominikaní ðimokratía]
República (f) Sudafricana	**Δημοκρατία της Νότιας Αφρικής** (θηλ.)	[ðimokratía tis nótias afrikís]
Rumania (f)	**Ρουμανία** (θηλ.)	[rumanía]
Rusia (f)	**Ρωσία** (θηλ.)	[rosía]
Senegal (m)	**Σενεγάλη** (θηλ.)	[seneɣáli]
Serbia (f)	**Σερβία** (θηλ.)	[servía]
Siria (f)	**Συρία** (θηλ.)	[siría]
Suecia (f)	**Σουηδία** (θηλ.)	[suiðía]
Suiza (f)	**Ελβετία** (θηλ.)	[elʲvetía]
Surinam (m)	**Σούριναμ** (ουδ.)	[súrinam]
Tayikistán (m)	**Τατζικιστάν** (ουδ.)	[tadzikistán]
Tailandia (f)	**Ταϊλάνδη** (θηλ.)	[tajlʲánði]
Taiwán (m)	**Ταϊβάν** (θηλ.)	[tajván]
Tanzania (f)	**Τανζανία** (θηλ.)	[tanzanía]
Tasmania (f)	**Τασμανία** (θηλ.)	[tazmanía]
Túnez (m)	**Τυνησία** (θηλ.)	[tinisía]
Turkmenistán (m)	**Τουρκμενιστάν** (ουδ.)	[turkmenistán]
Turquía (f)	**Τουρκία** (θηλ.)	[turkía]
Ucrania (f)	**Ουκρανία** (θηλ.)	[ukranía]
Uruguay (m)	**Ουρουγουάη** (θηλ.)	[uruɣuái]
Uzbekistán (m)	**Ουζμπεκιστάν** (ουδ.)	[uzbekistán]
Vaticano (m)	**Βατικανό** (ουδ.)	[vatikanó]
Venezuela (f)	**Βενεζουέλα** (θηλ.)	[venezuélʲa]
Vietnam (m)	**Βιετνάμ** (ουδ.)	[vietnám]
Zanzíbar (m)	**Ζανζιβάρη** (θηλ.)	[zanziVári]

GLOSARIO GASTRONÓMICO

Esta sección contiene una
gran cantidad de palabras y
términos asociados con la
comida. Este diccionario le hará
más fácil la comprensión
del menú de un restaurante y
la elección del plato adecuado

T&P Books Publishing

Español-Griego glosario gastronómico

¡Que aproveche!	**Καλή όρεξη!**	[kalí óreksi]
abrebotellas (m)	**ανοιχτήρι** (ουδ.)	[anixtíri]
abrelatas (m)	**ανοιχτήρι** (ουδ.)	[anixtíri]
aceite (m) de girasol	**ηλιέλαιο** (ουδ.)	[iliéleo]
aceite (m) de oliva	**ελαιόλαδο** (ουδ.)	[eleólʲaðo]
aceite (m) vegetal	**φυτικό λάδι** (ουδ.)	[fitikó lʲáði]
agua (f)	**νερό** (ουδ.)	[neró]
agua (f) mineral	**μεταλλικό νερό** (ουδ.)	[metalikó neró]
agua (f) potable	**πόσιμο νερό** (ουδ.)	[pósimo neró]
aguacate (m)	**αβοκάντο** (ουδ.)	[avokádo]
ahumado (adj)	**καπνιστός**	[kapnistós]
ajo (m)	**σκόρδο** (ουδ.)	[skórðo]
albahaca (f)	**βασιλικός** (αρ.)	[vasilikós]
albaricoque (m)	**βερίκοκο** (ουδ.)	[veríkoko]
alcachofa (f)	**αγκινάρα** (θηλ.)	[anginára]
alforfón (m)	**μαυροσίταρο** (ουδ.)	[mavrosítaro]
almendra (f)	**αμύγδαλο** (ουδ.)	[amíɣðalʲo]
almuerzo (m)	**μεσημεριανό** (ουδ.)	[mesimerianó]
amargo (adj)	**πικρός**	[pikrós]
anís (m)	**γλυκάνισος** (αρ.)	[ɣlikánisos]
anguila (f)	**χέλι** (ουδ.)	[xéli]
aperitivo (m)	**απεριτίφ** (ουδ.)	[aperitíf]
apetito (m)	**όρεξη** (θηλ.)	[óreksi]
apio (m)	**σέλινο** (ουδ.)	[sélino]
arándano (m)	**μύρτιλλο** (ουδ.)	[mírtilʲo]
arándano (m) agrio	**κράνμπερι** (ουδ.)	[kránberi]
arenque (m)	**ρέγγα** (θηλ.)	[rénga]
arroz (m)	**ρύζι** (ουδ.)	[rízi]
atún (m)	**τόνος** (αρ.)	[tónos]
avellana (f)	**φουντούκι** (ουδ.)	[fundúki]
avena (f)	**βρώμη** (θηλ.)	[vrómi]
azúcar (m)	**ζάχαρη** (θηλ.)	[záxari]
azafrán (m)	**σαφράν** (ουδ.)	[safrán]
azucarado, dulce (adj)	**γλυκός**	[ɣlikós]
bacalao (m)	**μπακαλιάρος** (αρ.)	[bakaliáros]
banana (f)	**μπανάνα** (θηλ.)	[banána]
bar (m)	**μπαρ** (ουδ.), **μπυραρία** (θηλ.)	[bar], [biraría]
barman (m)	**μπάρμαν** (αρ.)	[bárman]
batido (m)	**μιλκσέικ** (ουδ.)	[milʲkséjk]
baya (f)	**μούρο** (ουδ.)	[múro]
bayas (f pl)	**μούρα** (ουδ.πλ.)	[múra]
bebida (f) sin alcohol	**αναψυκτικό** (ουδ.)	[anapsiktikó]
bebidas (f pl) alcohólicas	**αλκοολούχα ποτά** (ουδ.πλ.)	[alʲkoolʲúxa potá]

beicon (m)	μπέικον (ουδ.)	[béjkon]
berenjena (f)	μελιτζάνα (θηλ.)	[melidzána]
bistec (m)	μπριζόλα (θηλ.)	[brizólʲa]
bocadillo (m)	σάντουιτς (ουδ.)	[sánduits]
boleto (m) áspero	μπολέτους γκρίζο (ουδ.)	[bolétus grízo]
boleto (m) castaño	μπολέτους πορτοκαλί (ουδ.)	[bolétus portokalí]
brócoli (m)	μπρόκολο (ουδ.)	[brókolʲo]
brema (f)	αβραμίδα (θηλ.)	[avramíða]
cóctel (m)	κοκτέιλ (ουδ.)	[koktéjlʲ]
caballa (f)	σκουμπρί (ουδ.)	[skumbrí]
cacahuete (m)	φυστίκι (ουδ.)	[fistíki]
café (m)	καφές (αρ.)	[kafés]
café (m) con leche	καφές με γάλα (αρ.)	[kafés me ɣálʲa]
café (m) solo	σκέτος καφές (αρ.)	[skétos kafés]
café (m) soluble	στιγμιαίος καφές (αρ.)	[stiɣmiéos kafes]
calabacín (m)	κολοκύθι (ουδ.)	[kolʲokíθi]
calabaza (f)	κολοκύθα (θηλ.)	[kolʲokíθa]
calamar (m)	καλαμάρι (ουδ.)	[kalʲamári]
caldo (m)	ζωμός (αρ.)	[zomós]
caliente (adj)	ζεστός	[zestós]
caloría (f)	θερμίδα (θηλ.)	[θermíða]
camarón (m)	γαρίδα (θηλ.)	[ɣaríða]
camarera (f)	σερβιτόρα (θηλ.)	[servitóra]
camarero (m)	σερβιτόρος (αρ.)	[servitóros]
canela (f)	κανέλα (θηλ.)	[kanélʲa]
cangrejo (m) de mar	καβούρι (ουδ.)	[kavúri]
capuchino (m)	καπουτσίνο (αρ.)	[kaputsíno]
caramelo (m)	καραμέλα (θηλ.)	[karamélʲa]
carbohidratos (m pl)	υδατάνθρακες (αρ.πλ.)	[iðatánθrakes]
carne (f)	κρέας (ουδ.)	[kréas]
carne (f) de carnero	αρνήσιο κρέας (ουδ.)	[arnísio kréas]
carne (f) de cerdo	χοιρινό κρέας (ουδ.)	[xirinó kréas]
carne (f) de ternera	μοσχαρίσιο κρέας (ουδ.)	[mosxarísio kréas]
carne (f) de vaca	βοδινό κρέας (ουδ.)	[voðinó kréas]
carne (f) picada	κιμάς (αρ.)	[kimás]
carpa (f)	κυπρίνος (αρ.)	[kiprínos]
carta (f) de vinos	κατάλογος κρασιών (αρ.)	[katálʲoɣos krasión]
carta (f), menú (m)	κατάλογος (αρ.)	[katálʲoɣos]
caviar (m)	χαβιάρι (ουδ.)	[xaviári]
caza (f) menor	θήραμα (ουδ.)	[θírama]
cebada (f)	κριθάρι (ουδ.)	[kriθári]
cebolla (f)	κρεμμύδι (ουδ.)	[kremíði]
cena (f)	δείπνο (ουδ.)	[ðípno]
centeno (m)	σίκαλη (θηλ.)	[síkali]
cereales (m pl)	δημητριακών (ουδ.πλ.)	[ðimitriakón]
cereales (m pl) integrales	πλιγούρι (ουδ.)	[pliɣúri]
cereza (f)	κεράσι (ουδ.)	[kerási]
cerveza (f)	μπύρα (θηλ.)	[bíra]
cerveza (f) negra	σκούρα μπύρα (θηλ.)	[skúra bíra]
cerveza (f) rubia	ανοιχτόχρωμη μπύρα (θηλ.)	[anixtóxromi bíra]

champaña (f)	**σαμπάνια** (θηλ.)	[sambánia]
chicle (m)	**τσίχλα** (θηλ.)	[tsíxlʲa]
chocolate (m)	**σοκολάτα** (θηλ.)	[sokolʲáta]
cilantro (m)	**κόλιανδρος** (αρ.)	[kólianðros]
ciruela (f)	**δαμάσκηνο** (ουδ.)	[ðamáskino]
clara (f)	**ασπράδι** (ουδ.)	[aspráði]
clavo (m)	**γαρίφαλο** (ουδ.)	[ɣarífalʲo]
coñac (m)	**κονιάκ** (ουδ.)	[konják]
cocido en agua (adj)	**βραστός**	[vrastós]
cocina (f)	**κουζίνα** (θηλ.)	[kuzína]
col (f)	**λάχανο** (ουδ.)	[lʲáxano]
col (f) de Bruselas	**λαχανάκι Βρυξελλών** (ουδ.)	[lʲaxanáki vrikselʲón]
coliflor (f)	**κουνουπίδι** (ουδ.)	[kunupíði]
colmenilla (f)	**μορχέλλη** (θηλ.)	[morxéli]
comida (f)	**τροφή** (θηλ.), **φαγητό** (ουδ.)	[trofí], [fajitó]
comino (m)	**κύμινο** (ουδ.)	[kímino]
con gas	**ανθρακούχο**	[anθrakúxo]
con hielo	**με πάγο**	[me páɣo]
condimento (m)	**μπαχαρικό** (ουδ.)	[baxarikó]
conejo (m)	**κουνέλι** (ουδ.)	[kunéli]
confitura (f)	**μαρμελάδα** (θηλ.)	[marmelʲáða]
confitura (f)	**μαρμελάδα** (θηλ.)	[marmelʲáða]
congelado (adj)	**κατεψυγμένος**	[katepsiɣménos]
conservas (f pl)	**κονσέρβες** (θηλ.πλ.)	[konsérves]
copa (f) de vino	**κρασοπότηρο** (ουδ.)	[krasopótiro]
copos (m pl) de maíz	**κορν φλέικς** (ουδ.πλ.)	[kornfléjks]
crema (f) de mantequilla	**κρέμα** (θηλ.)	[kréma]
cuchara (f)	**κουτάλι** (ουδ.)	[kutáli]
cuchara (f) de sopa	**κουτάλι της σούπας** (ουδ.)	[kutáli tis súpas]
cucharilla (f)	**κουταλάκι του γλυκού** (ουδ.)	[kutalʲáki tu ɣlikú]
cuchillo (m)	**μαχαίρι** (ουδ.)	[maxéri]
cuenta (f)	**λογαριασμός** (αρ.)	[lʲoɣariazmós]
dátil (m)	**χουρμάς** (αρ.)	[xurmás]
de chocolate (adj)	**σοκολατένιος**	[sokolʲaténios]
desayuno (m)	**πρωινό** (ουδ.)	[proinó]
dieta (f)	**δίαιτα** (θηλ.)	[ðíeta]
eneldo (m)	**άνηθος** (αρ.)	[ániθos]
ensalada (f)	**σαλάτα** (θηλ.)	[salʲáta]
entremés (m)	**ορεκτικό** (ουδ.)	[orektikó]
espárrago (m)	**σπαράγγι** (ουδ.)	[sparángi]
espagueti (m)	**σπαγγέτι** (ουδ.)	[spagéti]
especia (f)	**καρύκευμα** (ουδ.)	[karíkevma]
espiga (f)	**στάχυ** (ουδ.)	[stáxi]
espinaca (f)	**σπανάκι** (ουδ.)	[spanáki]
esturión (m)	**οξύρυγχος** (αρ.)	[oksírinxos]
fletán (m)	**ιππόγλωσσος** (αρ.)	[ipóɣlʲosos]
fréjol (m)	**κόκκινο φασόλι** (ουδ.)	[kókino fasóli]
frío (adj)	**κρύος**	[kríos]
frambuesa (f)	**σμέουρο** (ουδ.)	[zméuro]
fresa (f)	**φράουλα** (θηλ.)	[fráulʲa]

fresa (f) silvestre	**χαμοκέρασο** (ουδ.)	[kxamokéraso]
frito (adj)	**τηγανητός**	[tiɣanitós]
fruto (m)	**φρούτο** (ουδ.)	[frúto]
galletas (f pl)	**μπισκότο** (ουδ.)	[biskóto]
gallina (f)	**κότα** (θηλ.)	[kóta]
ganso (m)	**χήνα** (θηλ.)	[xína]
gaseoso (adj)	**ανθρακούχος**	[anθrakúxos]
ginebra (f)	**τζιν** (ουδ.)	[dzin]
gofre (m)	**γκοφρέτες** (θηλ.πλ.)	[gofrétes]
granada (f)	**ρόδι** (ουδ.)	[róði]
grano (m)	**σιτηρά** (ουδ.πλ.)	[sitirá]
grasas (f pl)	**λίπη** (ουδ.πλ.)	[lípi]
grosella (f) espinosa	**λαγοκέρασο** (ουδ.)	[lʲaɣokéraso]
grosella (f) negra	**μαύρο φραγκοστάφυλο** (ουδ.)	[mávro frangostáfilʲo]
grosella (f) roja	**κόκκινο φραγκοστάφυλο** (ουδ.)	[kókino frangostáfilʲo]
guarnición (f)	**συνοδευτικό πιάτο** (ουδ.)	[sinoðeftikó piáto]
guinda (f)	**βύσσινο** (ουδ.)	[vísino]
guisante (m)	**αρακάς** (αρ.)	[arakás]
hígado (m)	**συκώτι** (ουδ.)	[sikóti]
habas (f pl)	**κουκί** (ουδ.)	[kukí]
hamburguesa (f)	**χάμπουργκερ** (ουδ.)	[xámburger]
harina (f)	**αλεύρι** (ουδ.)	[alévri]
helado (m)	**παγωτό** (ουδ.)	[paɣotó]
hielo (m)	**πάγος** (αρ.)	[páɣos]
higo (m)	**σύκο** (ουδ.)	[síko]
hoja (f) de laurel	**φύλλο δάφνης** (ουδ.)	[fílʲo ðáfnis]
huevo (m)	**αυγό** (ουδ.)	[avɣó]
huevos (m pl)	**αυγά** (ουδ.πλ.)	[avɣá]
huevos (m pl) fritos	**τηγανητά αυγά** (ουδ.πλ.)	[tiɣanitá avɣá]
jamón (m)	**ζαμπόν** (ουδ.)	[zabón]
jamón (m) fresco	**καπνιστό χοιρομέρι** (ουδ.)	[kapnistó xiroméri]
jengibre (m)	**πιπερόριζα** (θηλ.)	[piperóriza]
jugo (m) de tomate	**χυμός ντομάτας** (αρ.)	[ximós domátas]
kiwi (m)	**ακτινίδιο** (ουδ.)	[aktiníðio]
langosta (f)	**ακανθωτός αστακός** (αρ.)	[akanθotós astakós]
leche (f)	**γάλα** (ουδ.)	[ɣálʲa]
leche (f) condensada	**συμπυκνωμένο γάλα** (ουδ.)	[simbiknoméno ɣálʲa]
lechuga (f)	**μαρούλι** (ουδ.)	[marúli]
legumbres (f pl)	**λαχανικά** (ουδ.πλ.)	[lʲaxaniká]
lengua (f)	**γλώσσα** (θηλ.)	[ɣlʲósa]
lenguado (m)	**πλατύψαρο** (ουδ.)	[plʲatípsaro]
lenteja (f)	**φακή** (θηλ.)	[fakí]
licor (m)	**λικέρ** (ουδ.)	[likér]
limón (m)	**λεμόνι** (ουδ.)	[lemóni]
limonada (f)	**λεμονάδα** (θηλ.)	[lemonáða]
loncha (f)	**φέτα** (θηλ.)	[féta]
lucio (m)	**λούτσος** (αρ.)	[lʲútsos]
lucioperca (f)	**ποταμολάβρακο** (ουδ.)	[potamolʲávrako]
maíz (m)	**καλαμπόκι** (ουδ.)	[kalʲambóki]

T&P Books. Guía de conversación Español-Griego y vocabulario temático de 3000 palabras

maíz (m)	καλαμπόκι (ουδ.)	[kalʲambóki]
macarrones (m pl)	ζυμαρικά (ουδ.πλ.)	[zimariká]
mandarina (f)	μανταρίνι (ουδ.)	[mandaríni]
mango (m)	μάγκο (ουδ.)	[mángo]
mantequilla (f)	βούτυρο (ουδ.)	[vútiro]
manzana (f)	μήλο (ουδ.)	[mílʲo]
margarina (f)	μαργαρίνη (θηλ.)	[marɣaríni]
marinado (adj)	τουρσί	[tursí]
mariscos (m pl)	θαλασσινά (θηλ.πλ.)	[θalʲasiná]
matamoscas (m)	ζουρλομανίταρο (ουδ.)	[zurlʲomanítaro]
mayonesa (f)	μαγιονέζα (θηλ.)	[majonéza]
melón (m)	πεπόνι (ουδ.)	[pepóni]
melocotón (m)	ροδάκινο (ουδ.)	[roðákino]
mermelada (f)	μαρμελάδα (θηλ.)	[marmelʲáða]
miel (f)	μέλι (ουδ.)	[méli]
miga (f)	ψίχουλο (ουδ.)	[psíxulʲo]
mijo (m)	κεχρί (ουδ.)	[kexrí]
mini tarta (f)	κέικ (ουδ.)	[kéjk]
mondadientes (m)	οδοντογλυφίδα (θηλ.)	[oðondoɣlifíða]
mostaza (f)	μουστάρδα (θηλ.)	[mustárða]
nabo (m)	γογγύλι (ουδ.), ρέβα (θηλ.)	[ɣongíli], [réva]
naranja (f)	πορτοκάλι (ουδ.)	[portokáli]
nata (f) agria	ξινή κρέμα (θηλ.)	[ksiní kréma]
nata (f) líquida	κρέμα γάλακτος (θηλ.)	[kréma ɣálʲaktos]
nuez (f)	καρύδι (ουδ.)	[karíði]
nuez (f) de coco	καρύδα (θηλ.)	[karíða]
olivas, aceitunas (f pl)	ελιές (θηλ.πλ.)	[eliés]
oronja (f) verde	θανατίτης (αρ.)	[θanatítis]
ostra (f)	στρείδι (ουδ.)	[stríði]
pan (m)	ψωμί (ουδ.)	[psomí]
papaya (f)	παπάγια (θηλ.)	[papája]
paprika (f)	πάπρικα (θηλ.)	[páprika]
pasas (f pl)	σταφίδα (θηλ.)	[stafíða]
pasteles (m pl)	ζαχαροπλαστική (θηλ.)	[zaxaroplʲastikí]
paté (m)	πατέ (ουδ.)	[paté]
patata (f)	πατάτα (θηλ.)	[patáta]
pato (m)	πάπια (θηλ.)	[pápia]
pava (f)	γαλοπούλα (θηλ.)	[ɣalʲopúlʲa]
pedazo (m)	κομμάτι (ουδ.)	[komáti]
pepino (m)	αγγούρι (ουδ.)	[angúri]
pera (f)	αχλάδι (ουδ.)	[axlʲáði]
perca (f)	πέρκα (θηλ.)	[pérka]
perejil (m)	μαϊντανός (αρ.)	[majdanós]
pescado (m)	ψάρι (ουδ.)	[psári]
piña (f)	ανανάς (αρ.)	[ananás]
piel (f)	φλούδα (θηλ.)	[flʲúða]
pimienta (f) negra	μαύρο πιπέρι (ουδ.)	[mávro pipéri]
pimienta (f) roja	κόκκινο πιπέρι (ουδ.)	[kókino pipéri]
pimiento (m) dulce	πιπεριά (θηλ.)	[piperiá]
pistachos (m pl)	φυστίκια (ουδ.πλ.)	[fistíkia]
pizza (f)	πίτσα (θηλ.)	[pítsa]
platillo (m)	πιατάκι (ουδ.)	[piatáki]

plato (m)	**πιάτο** (ουδ.)	[piáto]
plato (m)	**πιάτο** (ουδ.)	[piáto]
pomelo (m)	**γκρέιπφρουτ** (ουδ.)	[gréjpfrut]
porción (f)	**μερίδα** (θηλ.)	[meríða]
postre (m)	**επιδόρπιο** (ουδ.)	[epiðórpio]
propina (f)	**πουρμπουάρ** (ουδ.)	[purbuár]
proteínas (f pl)	**πρωτεΐνες** (θηλ.πλ.)	[proteínes]
puré (m) de patatas	**πουρές** (αρ.)	[purés]
queso (m)	**τυρί** (ουδ.)	[tirí]
rábano (m)	**ρεπανάκι** (ουδ.)	[repanáki]
rábano (m) picante	**χρένο** (ουδ.)	[xréno]
rúsula (f)	**ρούσουλα** (θηλ.)	[rúsulʲa]
rebozuelo (m)	**κανθαρέλλα** (θηλ.)	[kanθarélʲa]
receta (f)	**συνταγή** (θηλ.)	[sindaʝí]
refresco (m)	**αναψυκτικό** (ουδ.)	[anapsiktikó]
regusto (m)	**επίγευση** (θηλ.)	[epíʝefsi]
relleno (m)	**γέμιση** (θηλ.)	[ʝémisi]
remolacha (f)	**παντζάρι** (ουδ.)	[pandzári]
ron (m)	**ρούμι** (ουδ.)	[rúmi]
sésamo (m)	**σουσάμι** (ουδ.)	[susámi]
sabor (m)	**γεύση** (θηλ.)	[ʝéfsi]
sabroso (adj)	**νόστιμος**	[nóstimos]
sacacorchos (m)	**τιρμπουσόν** (ουδ.)	[tirbusón]
sal (f)	**αλάτι** (ουδ.)	[alʲáti]
salado (adj)	**αλμυρός**	[alʲmirós]
salchichón (m)	**λουκάνικο** (ουδ.)	[lʲukániko]
salchicha (f)	**λουκάνικο** (ουδ.)	[lʲukániko]
salmón (m)	**σολομός** (αρ.)	[solʲomós]
salmón (m) del Atlántico	**σολομός του Ατλαντικού** (αρ.)	[solʲomós tu atlʲandikú]
salsa (f)	**σάλτσα** (θηλ.)	[sálʲtsa]
sandía (f)	**καρπούζι** (ουδ.)	[karpúzi]
sardina (f)	**σαρδέλα** (θηλ.)	[sarðélʲa]
seco (adj)	**αποξηραμένος**	[apoksiraménos]
seta (f)	**μανιτάρι** (ουδ.)	[manitári]
seta (f) comestible	**βρώσιμο μανιτάρι** (ουδ.)	[vrósimo manitári]
seta (f) venenosa	**δηλητηριώδες μανιτάρι** (ουδ.)	[ðilitirióðes manitári]
seta calabaza (f)	**βασιλομανίταρο** (ουδ.)	[vasilʲomanítaro]
siluro (m)	**γουλιανός** (αρ.)	[ɣulianós]
sin alcohol	**χωρίς αλκοόλ**	[xorís alʲkoólʲ]
sin gas	**χωρίς ανθρακικό**	[xorís anθrakikó]
sopa (f)	**σούπα** (θηλ.)	[súpa]
soya (f)	**σόγια** (θηλ.)	[sóʝa]
té (m)	**τσάι** (ουδ.)	[tsáj]
té (m) negro	**μαύρο τσάι** (ουδ.)	[mávro tsaj]
té (m) verde	**πράσινο τσάι** (ουδ.)	[prásino tsaj]
tallarines (m pl)	**νουντλς** (ουδ.πλ.)	[nudls]
tarta (f)	**τούρτα** (θηλ.)	[túrta]
tarta (f)	**πίτα** (θηλ.)	[píta]
taza (f)	**φλιτζάνι** (ουδ.)	[flidzáni]
tenedor (m)	**πιρούνι** (ουδ.)	[pirúni]

tiburón (m)	**καρχαρίας** (αρ.)	[karxarías]
tomate (m)	**ντομάτα** (θηλ.)	[domáta]
tortilla (f) francesa	**ομελέτα** (θηλ.)	[omeléta]
trigo (m)	**σιτάρι** (ουδ.)	[sitári]
trucha (f)	**πέστροφα** (θηλ.)	[péstrofa]
uva (f)	**σταφύλι** (ουδ.)	[stafíli]
vaso (m)	**ποτήρι** (ουδ.)	[potíri]
vegetariano (adj)	**χορτοφάγος**	[xortofáɣos]
vegetariano (m)	**χορτοφάγος** (αρ.)	[xortofáɣos]
verduras (f pl)	**χόρτα** (ουδ.)	[xórta]
vermú (m)	**βερμούτ** (ουδ.)	[vermút]
vinagre (m)	**ξίδι** (ουδ.)	[ksíði]
vino (m)	**κρασί** (ουδ.)	[krasí]
vino (m) blanco	**λευκό κρασί** (ουδ.)	[lefkó krasí]
vino (m) tinto	**κόκκινο κρασί** (ουδ.)	[kókino krasí]
vitamina (f)	**βιταμίνη** (θηλ.)	[vitamíni]
vodka (m)	**βότκα** (θηλ.)	[vótka]
whisky (m)	**ουίσκι** (ουδ.)	[wíski]
yema (f)	**κρόκος** (αρ.)	[krókos]
yogur (m)	**γιαούρτι** (ουδ.)	[ja̯aúrti]
zanahoria (f)	**καρότο** (ουδ.)	[karóto]
zarzamoras (f pl)	**βατόμουρο** (ουδ.)	[vatómuro]
zumo (m) de naranja	**χυμός πορτοκαλιού** (αρ.)	[ximós portokaliú]
zumo (m) fresco	**φρέσκος χυμός** (αρ.)	[fréskos ximós]
zumo (m), jugo (m)	**χυμός** (αρ.)	[ximós]

Griego-Español glosario gastronómico

Καλή όρεξη!	[kalí óreksi]	¡Que aproveche!
άνηθος (αρ.)	[ániθos]	eneldo (m)
αβοκάντο (ουδ.)	[avokádo]	aguacate (m)
αβραμίδα (θηλ.)	[avramíða]	brema (f)
αγγούρι (ουδ.)	[angúri]	pepino (m)
αγκινάρα (θηλ.)	[anginára]	alcachofa (f)
ακανθωτός αστακός (αρ.)	[akanθotós astakós]	langosta (f)
ακτινίδιο (ουδ.)	[aktiníðio]	kiwi (m)
αλάτι (ουδ.)	[alʲáti]	sal (f)
αλεύρι (ουδ.)	[alévri]	harina (f)
αλκοολούχα ποτά (ουδ.πλ.)	[alʲkoolʲúxa potá]	bebidas (f pl) alcohólicas
αλμυρός	[alʲmirós]	salado (adj)
αμύγδαλο (ουδ.)	[amíɣðalʲo]	almendra (f)
ανανάς (αρ.)	[ananás]	piña (f)
αναψυκτικό (ουδ.)	[anapsiktikó]	bebida (f) sin alcohol
αναψυκτικό (ουδ.)	[anapsiktikó]	refresco (m)
ανθρακούχο	[anθrakúxo]	con gas
ανθρακούχος	[anθrakúxos]	gaseoso (adj)
ανοιχτήρι (ουδ.)	[anixtíri]	abrebotellas (m)
ανοιχτήρι (ουδ.)	[anixtíri]	abrelatas (m)
ανοιχτόχρωμη μπύρα (θηλ.)	[anixtóxromi bíra]	cerveza (f) rubia
απεριτίφ (ουδ.)	[aperitíf]	aperitivo (m)
αποξηραμένος	[apoksiraménos]	seco (adj)
αρακάς (αρ.)	[arakás]	guisante (m)
αρνήσιο κρέας (ουδ.)	[arnísio kréas]	carne (f) de carnero
ασπράδι (ουδ.)	[aspráði]	clara (f)
αυγά (ουδ.πλ.)	[avɣá]	huevos (m pl)
αυγό (ουδ.)	[avɣó]	huevo (m)
αχλάδι (ουδ.)	[axlʲáði]	pera (f)
βασιλικός (αρ.)	[vasilikós]	albahaca (f)
βασιλομανίταρο (ουδ.)	[vasilʲomanítaro]	seta calabaza (f)
βατόμουρο (ουδ.)	[vatómuro]	zarzamoras (f pl)
βερίκοκο (ουδ.)	[veríkoko]	albaricoque (m)
βερμούτ (ουδ.)	[vermút]	vermú (m)
βιταμίνη (θηλ.)	[vitamíni]	vitamina (f)
βοδινό κρέας (ουδ.)	[voðinó kréas]	carne (f) de vaca
βούτυρο (ουδ.)	[vútiro]	mantequilla (f)
βραστός	[vrastós]	cocido en agua (adj)
βρώμη (θηλ.)	[vrómi]	avena (f)
βρώσιμο μανιτάρι (ουδ.)	[vrósimo manitári]	seta (f) comestible
βότκα (θηλ.)	[vótka]	vodka (m)
βύσσινο (ουδ.)	[vísino]	guinda (f)
γάλα (ουδ.)	[ɣálʲa]	leche (f)

γέμιση (θηλ.)	[jémisi]	relleno (m)
γαλοπούλα (θηλ.)	[ɣalʲopúlʲa]	pava (f)
γαρίδα (θηλ.)	[ɣaríða]	camarón (m)
γαρίφαλο (ουδ.)	[ɣarífalʲo]	clavo (m)
γεύση (θηλ.)	[jéfsi]	sabor (m)
γιαούρτι (ουδ.)	[jaúrti]	yogur (m)
γκοφρέτες (θηλ.πλ.)	[gofrétes]	gofre (m)
γκρέιπφρουτ (ουδ.)	[gréjpfrut]	pomelo (m)
γλυκάνισος (αρ.)	[ɣlikánisos]	anís (m)
γλυκός	[ɣlikós]	azucarado, dulce (adj)
γλώσσα (θηλ.)	[ɣlʲósa]	lengua (f)
γογγύλι (ουδ.), **ρέβα** (θηλ.)	[ɣongíli], [réva]	nabo (m)
γουλιανός (αρ.)	[ɣulianós]	siluro (m)
δίαιτα (θηλ.)	[ðíeta]	dieta (f)
δαμάσκηνο (ουδ.)	[ðamáskino]	ciruela (f)
δείπνο (ουδ.)	[ðípno]	cena (f)
δηλητηριώδες μανιτάρι (ουδ.)	[ðilitirióðes manitári]	seta (f) venenosa
δημητριακών (ουδ.πλ.)	[ðimitriakón]	cereales (m pl)
ελαιόλαδο (ουδ.)	[eleólʲaðo]	aceite (m) de oliva
ελιές (θηλ.πλ.)	[eliés]	olivas, aceitunas (f pl)
επίγευση (θηλ.)	[epíjefsi]	regusto (m)
επιδόρπιο (ουδ.)	[epiðórpio]	postre (m)
ζάχαρη (θηλ.)	[záxari]	azúcar (m)
ζαμπόν (ουδ.)	[zabón]	jamón (m)
ζαχαροπλαστική (θηλ.)	[zaxaroplʲastikí]	pasteles (m pl)
ζεστός	[zestós]	caliente (adj)
ζουρλομανίταρο (ουδ.)	[zurlʲomanítaro]	matamoscas (m)
ζυμαρικά (ουδ.πλ.)	[zimariká]	macarrones (m pl)
ζωμός (αρ.)	[zomós]	caldo (m)
ηλιέλαιο (ουδ.)	[iliéleo]	aceite (m) de girasol
θήραμα (ουδ.)	[θírama]	caza (f) menor
θαλασσινά (θηλ.πλ.)	[θalʲasiná]	mariscos (m pl)
θανατίτης (αρ.)	[θanatítis]	oronja (f) verde
θερμίδα (θηλ.)	[θermíða]	caloría (f)
ιππόγλωσσος (αρ.)	[ipóɣlʲosos]	fletán (m)
κέικ (ουδ.)	[kéjk]	mini tarta (f)
καβούρι (ουδ.)	[kavúri]	cangrejo (m) de mar
καλαμάρι (ουδ.)	[kalʲamári]	calamar (m)
καλαμπόκι (ουδ.)	[kalʲambóki]	maíz (m)
καλαμπόκι (ουδ.)	[kalʲambóki]	maíz (m)
κανέλα (θηλ.)	[kanélʲa]	canela (f)
κανθαρέλλα (θηλ.)	[kanθarélʲa]	rebozuelo (m)
καπνιστό χοιρομέρι (ουδ.)	[kapnistó xiroméri]	jamón (m) fresco
καπνιστός	[kapnistós]	ahumado (adj)
καπουτσίνο (αρ.)	[kaputsíno]	capuchino (m)
καραμέλα (θηλ.)	[karamélʲa]	caramelo (m)
καρπούζι (ουδ.)	[karpúzi]	sandía (f)
καρχαρίας (αρ.)	[karxarías]	tiburón (m)
καρότο (ουδ.)	[karóto]	zanahoria (f)
καρύδα (θηλ.)	[karíða]	nuez (f) de coco
καρύδι (ουδ.)	[karíði]	nuez (f)

καρύκευμα (ουδ.)	[karíkevma]	especia (f)
κατάλογος κρασιών (αρ.)	[katálʲoɣos krasión]	carta (f) de vinos
κατάλογος (αρ.)	[katálʲoɣos]	carta (f), menú (m)
κατεψυγμένος	[katepsiɣménos]	congelado (adj)
καφές με γάλα (αρ.)	[kafés me ɣálʲa]	café (m) con leche
καφές (αρ.)	[kafés]	café (m)
κεράσι (ουδ.)	[kerási]	cereza (f)
κεχρί (ουδ.)	[kexrí]	mijo (m)
κιμάς (αρ.)	[kimás]	carne (f) picada
κοκτέιλ (ουδ.)	[koktéjlʲ]	cóctel (m)
κολοκύθα (θηλ.)	[kolʲokíθa]	calabaza (f)
κολοκύθι (ουδ.)	[kolʲokíθi]	calabacín (m)
κομμάτι (ουδ.)	[komáti]	pedazo (m)
κονιάκ (ουδ.)	[konják]	coñac (m)
κονσέρβες (θηλ.πλ.)	[konsérves]	conservas (f pl)
κορν φλέικς (ουδ.πλ.)	[kornfléjks]	copos (m pl) de maíz
κουζίνα (θηλ.)	[kuzína]	cocina (f)
κουκί (ουδ.)	[kukí]	habas (f pl)
κουνέλι (ουδ.)	[kunéli]	conejo (m)
κουνουπίδι (ουδ.)	[kunupíði]	coliflor (f)
κουτάλι της σούπας (ουδ.)	[kutáli tis súpas]	cuchara (f) de sopa
κουτάλι (ουδ.)	[kutáli]	cuchara (f)
κουταλάκι του γλυκού (ουδ.)	[kutalʲáki tu ɣlikú]	cucharilla (f)
κράνμπερι (ουδ.)	[kránberi]	arándano (m) agrio
κρέας (ουδ.)	[kréas]	carne (f)
κρέμα γάλακτος (θηλ.)	[kréma ɣálʲaktos]	nata (f) líquida
κρέμα (θηλ.)	[kréma]	crema (f) de mantequilla
κρασί (ουδ.)	[krasí]	vino (m)
κρασοπότηρο (ουδ.)	[krasopótiro]	copa (f) de vino
κρεμμύδι (ουδ.)	[kremíði]	cebolla (f)
κριθάρι (ουδ.)	[kriθári]	cebada (f)
κρόκος (αρ.)	[krókos]	yema (f)
κρύος	[kríos]	frío (adj)
κυπρίνος (αρ.)	[kiprínos]	carpa (f)
κόκκινο κρασί (ουδ.)	[kókino krasí]	vino (m) tinto
κόκκινο πιπέρι (ουδ.)	[kókino pipéri]	pimienta (f) roja
κόκκινο φασόλι (ουδ.)	[kókino fasóli]	fréjol (m)
κόκκινο φραγκοστάφυλο (ουδ.)	[kókino frangostáfilʲo]	grosella (f) roja
κόλιανδρος (αρ.)	[kólianðros]	cilantro (m)
κότα (θηλ.)	[kóta]	gallina (f)
κύμινο (ουδ.)	[kímino]	comino (m)
λάχανο (ουδ.)	[lʲáxano]	col (f)
λίπη (ουδ.πλ.)	[lípi]	grasas (f pl)
λαγοκέρασο (ουδ.)	[lʲaɣokéraso]	grosella (f) espinosa
λαχανάκι Βρυξελλών (ουδ.)	[lʲaxanáki vrikselʲón]	col (f) de Bruselas
λαχανικά (ουδ.πλ.)	[lʲaxaniká]	legumbres (f pl)
λεμονάδα (θηλ.)	[lemonáða]	limonada (f)
λεμόνι (ουδ.)	[lemóni]	limón (m)
λευκό κρασί (ουδ.)	[lefkó krasí]	vino (m) blanco

λικέρ (ουδ.)	[likér]	licor (m)
λογαριασμός (αρ.)	[lʲoɣariazmós]	cuenta (f)
λουκάνικο (ουδ.)	[lʲukániko]	salchichón (m)
λουκάνικο (ουδ.)	[lʲukániko]	salchicha (f)
λούτσος (αρ.)	[lʲútsos]	lucio (m)
μάγκο (ουδ.)	[mángo]	mango (m)
μέλι (ουδ.)	[méli]	miel (f)
μήλο (ουδ.)	[mílʲo]	manzana (f)
μαγιονέζα (θηλ.)	[maɟonéza]	mayonesa (f)
μανιτάρι (ουδ.)	[manitári]	seta (f)
μανταρίνι (ουδ.)	[mandaríni]	mandarina (f)
μαργαρίνη (θηλ.)	[marɣaríni]	margarina (f)
μαρμελάδα (θηλ.)	[marmelʲáða]	confitura (f)
μαρμελάδα (θηλ.)	[marmelʲáða]	confitura (f)
μαρμελάδα (θηλ.)	[marmelʲáða]	mermelada (f)
μαρούλι (ουδ.)	[marúli]	lechuga (f)
μαυροσίταρο (ουδ.)	[mavrosítaro]	alforfón (m)
μαχαίρι (ουδ.)	[maxéri]	cuchillo (m)
μαϊντανός (αρ.)	[majdanós]	perejil (m)
μαύρο πιπέρι (ουδ.)	[mávro pipéri]	pimienta (f) negra
μαύρο τσάι (ουδ.)	[mávro tsaj]	té (m) negro
μαύρο φραγκοστάφυλο (ουδ.)	[mávro frangostáfilʲo]	grosella (f) negra
με πάγο	[me páɣo]	con hielo
μελιτζάνα (θηλ.)	[melidzána]	berenjena (f)
μερίδα (θηλ.)	[meríða]	porción (f)
μεσημεριανό (ουδ.)	[mesimerianó]	almuerzo (m)
μεταλλικό νερό (ουδ.)	[metalikó neró]	agua (f) mineral
μιλκσέικ (ουδ.)	[milʲkséjk]	batido (m)
μορχέλλη (θηλ.)	[morxéli]	colmenilla (f)
μοσχαρίσιο κρέας (ουδ.)	[mosxarísio kréas]	carne (f) de ternera
μουστάρδα (θηλ.)	[mustárða]	mostaza (f)
μούρα (ουδ.πλ.)	[múra]	bayas (f pl)
μούρο (ουδ.)	[múro]	baya (f)
μπάρμαν (αρ.)	[bárman]	barman (m)
μπέικον (ουδ.)	[béjkon]	beicon (m)
μπακαλιάρος (αρ.)	[bakaliáros]	bacalao (m)
μπανάνα (θηλ.)	[banána]	banana (f)
μπαρ (ουδ.), **μπυραρία** (θηλ.)	[bar], [biraría]	bar (m)
μπαχαρικό (ουδ.)	[baxarikó]	condimento (m)
μπισκότο (ουδ.)	[biskóto]	galletas (f pl)
μπολέτους γκρίζο (ουδ.)	[bolétus grízo]	boleto (m) áspero
μπολέτους πορτοκαλί (ουδ.)	[bolétus portokalí]	boleto (m) castaño
μπριζόλα (θηλ.)	[brizólʲa]	bistec (m)
μπρόκολο (ουδ.)	[brókolʲo]	brócoli (m)
μπύρα (θηλ.)	[bíra]	cerveza (f)
μύρτιλλο (ουδ.)	[mírtilʲo]	arándano (m)
νερό (ουδ.)	[neró]	agua (f)
νουντλς (ουδ.πλ.)	[nudls]	tallarines (m pl)
ντομάτα (θηλ.)	[domáta]	tomate (m)

νόστιμος	[nóstimos]	sabroso (adj)
ξίδι (ουδ.)	[ksíði]	vinagre (m)
ξινή κρέμα (θηλ.)	[ksiní kréma]	nata (f) agria
οδοντογλυφίδα (θηλ.)	[oðondoɣlifíða]	mondadientes (m)
ομελέτα (θηλ.)	[omeléta]	tortilla (f) francesa
οξύρυγχος (αρ.)	[oksírinxos]	esturión (m)
ορεκτικό (ουδ.)	[orektikó]	entremés (m)
ουίσκι (ουδ.)	[wíski]	whisky (m)
πάγος (αρ.)	[páɣos]	hielo (m)
πάπια (θηλ.)	[pápia]	pato (m)
πάπρικα (θηλ.)	[páprika]	paprika (f)
πέρκα (θηλ.)	[pérka]	perca (f)
πέστροφα (θηλ.)	[péstrofa]	trucha (f)
πίτα (θηλ.)	[píta]	tarta (f)
πίτσα (θηλ.)	[pítsa]	pizza (f)
παγωτό (ουδ.)	[paɣotó]	helado (m)
παντζάρι (ουδ.)	[pandzári]	remolacha (f)
παπάγια (θηλ.)	[papája]	papaya (f)
πατάτα (θηλ.)	[patáta]	patata (f)
πατέ (ουδ.)	[paté]	paté (m)
πεπόνι (ουδ.)	[pepóni]	melón (m)
πιάτο (ουδ.)	[piáto]	plato (m)
πιάτο (ουδ.)	[piáto]	plato (m)
πιατάκι (ουδ.)	[piatáki]	platillo (m)
πικρός	[pikrós]	amargo (adj)
πιπεριά (θηλ.)	[piperiá]	pimiento (m) dulce
πιπερόριζα (θηλ.)	[piperóriza]	jengibre (m)
πιρούνι (ουδ.)	[pirúni]	tenedor (m)
πλατύψαρο (ουδ.)	[plʲatípsaro]	lenguado (m)
πλιγούρι (ουδ.)	[pliɣúri]	cereales (m pl) integrales
πορτοκάλι (ουδ.)	[portokáli]	naranja (f)
ποτήρι (ουδ.)	[potíri]	vaso (m)
ποταμολάβρακο (ουδ.)	[potamolʲávrako]	lucioperca (f)
πουρές (αρ.)	[purés]	puré (m) de patatas
πουρμπουάρ (ουδ.)	[purbuár]	propina (f)
πράσινο τσάι (ουδ.)	[prásino tsaj]	té (m) verde
πρωινό (ουδ.)	[proinó]	desayuno (m)
πρωτεΐνες (θηλ.πλ.)	[proteínes]	proteínas (f pl)
πόσιμο νερό (ουδ.)	[pósimo neró]	agua (f) potable
ρέγγα (θηλ.)	[rénga]	arenque (m)
ρεπανάκι (ουδ.)	[repanáki]	rábano (m)
ροδάκινο (ουδ.)	[roðákino]	melocotón (m)
ρούμι (ουδ.)	[rúmi]	ron (m)
ρούσουλα (θηλ.)	[rúsulʲa]	rúsula (f)
ρόδι (ουδ.)	[róði]	granada (f)
ρύζι (ουδ.)	[rízi]	arroz (m)
σάλτσα (θηλ.)	[sálʲtsa]	salsa (f)
σάντουιτς (ουδ.)	[sánduits]	bocadillo (m)
σέλινο (ουδ.)	[sélino]	apio (m)
σίκαλη (θηλ.)	[síkali]	centeno (m)
σαλάτα (θηλ.)	[salʲáta]	ensalada (f)
σαμπάνια (θηλ.)	[sambánia]	champaña (f)

σαρδέλα (θηλ.)	[sarðélʲa]	sardina (f)
σαφράν (ουδ.)	[safrán]	azafrán (m)
σερβιτόρα (θηλ.)	[servitóra]	camarera (f)
σερβιτόρος (αρ.)	[servitóros]	camarero (m)
σιτάρι (ουδ.)	[sitári]	trigo (m)
σιτηρά (ουδ.πλ.)	[sitirá]	grano (m)
σκέτος καφές (αρ.)	[skétos kafés]	café (m) solo
σκουμπρί (ουδ.)	[skumbrí]	caballa (f)
σκούρα μπύρα (θηλ.)	[skúra bíra]	cerveza (f) negra
σκόρδο (ουδ.)	[skórðo]	ajo (m)
σμέουρο (ουδ.)	[zméuro]	frambuesa (f)
σοκολάτα (θηλ.)	[sokolʲáta]	chocolate (m)
σοκολατένιος	[sokolʲaténios]	de chocolate (adj)
σολομός του Ατλαντικού (αρ.)	[solʲomós tu atlʲandikú]	salmón (m) del Atlántico
σολομός (αρ.)	[solʲomós]	salmón (m)
σουσάμι (ουδ.)	[susámi]	sésamo (m)
σούπα (θηλ.)	[súpa]	sopa (f)
σπαγγέτι (ουδ.)	[spagéti]	espagueti (m)
σπανάκι (ουδ.)	[spanáki]	espinaca (f)
σπαράγγι (ουδ.)	[sparángi]	espárrago (m)
στάχυ (ουδ.)	[stáxi]	espiga (f)
σταφίδα (θηλ.)	[stafíða]	pasas (f pl)
σταφύλι (ουδ.)	[stafíli]	uva (f)
στιγμιαίος καφές (αρ.)	[stiɣmiéos kafes]	café (m) soluble
στρείδι (ουδ.)	[stríði]	ostra (f)
συκώτι (ουδ.)	[sikóti]	hígado (m)
συμπυκνωμένο γάλα (ουδ.)	[simbiknoméno ɣálʲa]	leche (f) condensada
συνοδευτικό πιάτο (ουδ.)	[sinoðeftikó piáto]	guarnición (f)
συνταγή (θηλ.)	[sindaʝí]	receta (f)
σόγια (θηλ.)	[sóʝa]	soya (f)
σύκο (ουδ.)	[síko]	higo (m)
τζιν (ουδ.)	[dzin]	ginebra (f)
τηγανητά αυγά (ουδ.πλ.)	[tiɣanitá avɣá]	huevos (m pl) fritos
τηγανητός	[tiɣanitós]	frito (adj)
τιρμπουσόν (ουδ.)	[tirbusón]	sacacorchos (m)
τουρσί	[tursí]	marinado (adj)
τούρτα (θηλ.)	[túrta]	tarta (f)
τροφή (θηλ.), **φαγητό** (ουδ.)	[trofí], [faʝitó]	comida (f)
τσάι (ουδ.)	[tsáj]	té (m)
τσίχλα (θηλ.)	[tsíxlʲa]	chicle (m)
τυρί (ουδ.)	[tirí]	queso (m)
τόνος (αρ.)	[tónos]	atún (m)
υδατάνθρακες (αρ.πλ.)	[iðatánθrakes]	carbohidratos (m pl)
φέτα (θηλ.)	[féta]	loncha (f)
φακή (θηλ.)	[fakí]	lenteja (f)
φλιτζάνι (ουδ.)	[flidzáni]	taza (f)
φλούδα (θηλ.)	[flʲúða]	piel (f)
φουντούκι (ουδ.)	[fundúki]	avellana (f)
φράουλα (θηλ.)	[fráulʲa]	fresa (f)
φρέσκος χυμός (αρ.)	[fréskos ximós]	zumo (m) fresco

φρούτο (ουδ.)	[frúto]	fruto (m)
φυστίκι (ουδ.)	[fistíki]	cacahuete (m)
φυστίκια (ουδ.πλ.)	[fistíkia]	pistachos (m pl)
φυτικό λάδι (ουδ.)	[fitikó lʲáði]	aceite (m) vegetal
φύλλο δάφνης (ουδ.)	[fílʲo ðáfnis]	hoja (f) de laurel
χάμπουργκερ (ουδ.)	[xámburger]	hamburguesa (f)
χέλι (ουδ.)	[xéli]	anguila (f)
χήνα (θηλ.)	[xína]	ganso (m)
χαβιάρι (ουδ.)	[xaviári]	caviar (m)
χαμοκέρασο (ουδ.)	[kxamokéraso]	fresa (f) silvestre
χοιρινό κρέας (ουδ.)	[xirinó kréas]	carne (f) de cerdo
χορτοφάγος	[xortofáɣos]	vegetariano (adj)
χορτοφάγος (αρ.)	[xortofáɣos]	vegetariano (m)
χουρμάς (αρ.)	[xurmás]	dátil (m)
χρένο (ουδ.)	[xréno]	rábano (m) picante
χυμός ντομάτας (αρ.)	[ximós domátas]	jugo (m) de tomate
χυμός πορτοκαλιού (αρ.)	[ximós portokaliú]	zumo (m) de naranja
χυμός (αρ.)	[ximós]	zumo (m), jugo (m)
χωρίς αλκοόλ	[xorís alʲkoólʲ]	sin alcohol
χωρίς ανθρακικό	[xorís anθrakikó]	sin gas
χόρτα (ουδ.)	[xórta]	verduras (f pl)
ψάρι (ουδ.)	[psári]	pescado (m)
ψίχουλο (ουδ.)	[psíxulʲo]	miga (f)
ψωμί (ουδ.)	[psomí]	pan (m)
όρεξη (θηλ.)	[óreksi]	apetito (m)